ERIK OLIN WRIGHT
WARUM KLASSE ZÄHLT

Mit einem Nachwort
von Oliver Nachtwey

Aus dem Amerikanischen
von Philipp Hölzing

Suhrkamp

Klimaneutral
Druckprodukt
ClimatePartner.com/14438-2110-1001

Erste Auflage 2023
Deutsche Erstausgabe

Umschlaggestaltung: Hermann Michels und Regina Göllner
Satz: Dörlemann Satz, Lemförde
Druck: CPI books GmbH, Leck
Printed in Germany
ISBN 978-3-518-58808-6

www.suhrkamp.de

INHALT

KLASSE VERSTEHEN

Als ich Mitte der 1970er Jahre über Klasse zu schreiben begann, betrachtete ich den Marxismus als ein umfassendes Paradigma, das der positivistischen Sozialwissenschaft gegenübersteht.[1] Ich argumentierte dafür, dass der Marxismus über besondere erkenntnistheoretische Prämissen und besondere methodologische Ansätze verfügt, die den vorherrschenden Praktiken der Mainstream-Sozialwissenschaft grundlegend entgegengesetzt sind. Insofern ich erklärte, dass dieser Kampf sowohl auf empirischem als auch auf theoretischem Terrain geführt werden sollte, betrachtete ich den Marxismus und die Mainstream-Soziologie als grundverschiedene und inkommensurable, sich bekämpfende Paradigmen. Mitte der 1980er Jahre schrieb ich im Rückblick auf diese früheren Arbeiten: »Ursprünglich hatte ich Visionen von glorreichen Paradigmenschlachten, in denen der tapfere marxistische Ritter den bürgerlichen Rivalen in einem dramatischen quantitativen Wettkampf besiegt. Darüber hinaus sah die Fantasie vor, dass der Besiegte seine Niederlage sogar eingesteht und daraufhin das Pferd wechselt.«[2]

1 Eine frühe Stellungnahme zu meinen Ansichten über den Marxismus und die Mainstream-Sozialwissenschaft findet sich in der methodologischen Einführung zu *Class, Crisis and the State*, London: New Left Books 1978.

2 »Reflections on Classes«, in: *Berkeley Journal of Sociology* (1987), wiederabgedruckt in Erik Olin Wright, *The Debate on Classes*, London: Verso 1989, S. 76.

Seit diesen frühen Arbeiten über Klasse sind fast vier Jahrzehnte vergangen. In der Zwischenzeit habe ich die Logik meines Ansatzes zur Klassenanalyse mehrfach überdacht.[3] Ich arbeite zwar weiter innerhalb der marxistischen Tradition, bin aber nicht mehr der Meinung, dass es sinnvoll ist, den Marxismus als umfassendes, mit der »bürgerlichen« Soziologie unvereinbares Paradigma zu betrachten.[4] Vielmehr scheinen mir die unterschiedlichen theoretischen Traditionen verschiedene Arten von kausalen Prozessen oder Mechanismen zu identifizieren, die Erklärungskraft für bestimmte Zielsetzungen besitzen sollen, und diese unterschiedlichen Traditionen haben in dem Maße wissenschaftlichen Wert, wie diese Behauptungen gerechtfertigt sind. Die unterschiedlichen Mechanismen, die von den verschiedenen theoretischen Traditionen aufgedeckt wurden, kreuzen sich, interagieren miteinander und erzeugen die von uns beobachteten Dinge in der Welt. Die marxistische Tradition ist ein wertvoller und interessanter Ideenkomplex, weil sie erfolgreich reale Mechanismen identifiziert, die für ein breites Spektrum wichtiger Probleme von Bedeutung sind, aber sie stellt kein vollwertiges »Paradigma« dar, das in der Lage ist, alle sozialen Tatsachen umfassend zu

3 Meine wichtigsten Veröffentlichungen zu diesen metatheoretischen Fragen sind *Class, Crisis and the State*; *The Debate on Classes*; *Class Counts: Comparative Studies in Class Analysis*, Cambridge: Cambridge University Press 1997; und *Approaches to Class Analysis*, Cambridge: Cambridge University Press 2005.

4 Ich ziehe es vor, den Ausdruck »marxistische Tradition« statt »Marx*ismus*« zu verwenden, gerade weil letzterer eher so etwas wie ein umfassendes Paradigma suggeriert.

erklären oder alle sozialen Mechanismen auf einen einzigen Rahmen zu spannen. Sie hat auch kein Monopol darauf, reale Mechanismen zu identifizieren, und daher sollte die soziologische Forschung von Marxistinnen und Marxisten in der Praxis bestimmte, von diesen identifizierte Mechanismen mit anderen kausalen Prozessen kombinieren, die für die anstehenden Aufgaben relevant erscheinen. An die Stelle des großen Kampfes der Paradigmen ist das getreten, was man als »pragmatistischen Realismus« bezeichnen könnte.

Ein pragmatistischer Realismus bedeutet nicht, dass sich der Marxismus einfach in einer amorphen »Soziologie« oder Sozialwissenschaft auflöst. Der Marxismus zeichnet sich nach wie vor dadurch aus, dass er seine Agenda um eine Reihe grundlegender Fragen und Probleme herum organisiert, die von anderen theoretischen Traditionen entweder ignoriert oder marginalisiert werden. Er zeichnet sich durch sein normatives Engagement für die Klassenemanzipation aus, und er zeichnet sich dadurch aus, dass er eine Reihe miteinander verbundener kausaler Prozesse identifiziert, die für diese Fragen und emanzipatorischen Ideale relevant sind. Diese Elemente bilden die Ausgangspunkte für eine unverwechselbare intellektuelle Tradition der emanzipatorischen Sozialwissenschaft, aber sie sind keine Grundlage für ein exklusives Paradigma.[5]

5 Zu einer Diskussion dieser Art, über den Marxismus als intellektuelle Tradition nachzudenken, siehe Erik Olin Wright, *Interrogating Inequality*, London: Verso 1994, insbesondere Teil 3.

In dieser Abhandlung untersuche ich einige Implikationen dieses pragmatistischen Realismus für die Klassenanalyse. In meinen theoretischen Arbeiten der späten 1970er und frühen 1980er Jahre argumentierte ich für die allgemeine Überlegenheit des marxistischen Klassenbegriffs gegenüber seinen wichtigsten soziologischen Konkurrenten – insbesondere gegenüber den weberianischen Begriffen von Klasse und gegenüber dem Begriff von Klasse innerhalb der Mainstream-Stratifikationsforschung. Heute scheint es mir angemessener, diese verschiedenen Arten, über Klasse zu sprechen, so zu sehen, dass sie jeweils unterschiedliche Cluster von kausalen Prozessen identifizieren, die bei der Bildung der Mikro- und Makroaspekte der wirtschaftlich bedingten Ungleichheit in kapitalistischen Gesellschaften am Werk sind. Für manche Fragen und Probleme mag das eine oder andere Cluster von Mechanismen wichtiger sein, aber alle sind relevant für ein umfassendes soziologisches Verständnis von wirtschaftlicher Ungleichheit und ihren Folgen; jeder dieser Ansätze zur Klassenanalyse ist unvollständig, wenn er die anderen ignoriert. Ich bin nach wie vor der Meinung, dass die marxistische Klassenanalyse den anderen Traditionen bei einer Reihe von Fragen, die ich für zentral halte, überlegen ist, insbesondere bei Fragen im Hinblick auf das Wesen des Kapitalismus, seine schädlichen Auswirkungen und Widersprüche und die Möglichkeiten seiner Transformation. Aber selbst für diese marxistischen Kernfragen haben die anderen Traditionen der Klassenanalyse etwas zu bieten.

Der Einfachheit halber konzentriere ich mich in dieser Untersuchung auf drei Cluster von klassenrelevanten kausalen Prozessen, die jeweils mit verschiedenen soziologischen Theoriesträngen und Ansätzen zur Klassenanalyse verbunden sind. Das erste identifiziert Klasse mit den Eigenschaften und den materiellen Bedingungen des Lebens von Individuen. Das zweite konzentriert sich auf die Art und Weise, in der soziale Positionen einigen Menschen die Kontrolle über wirtschaftliche Ressourcen verschiedener Art verleihen, während andere vom Zugang zu diesen Ressourcen ausgeschlossen werden. Und der dritte Ansatz identifiziert Klasse vor allem mit der Art und Weise, in der wirtschaftliche Positionen einigen Menschen die Kontrolle über das Leben und die Aktivitäten anderer geben. Ich bezeichne diese drei Ansätze als den Ansatz der *individuellen Attribute*, den Ansatz der *Chancenhortung* und den Ansatz der *Herrschaft und Ausbeutung.* Der erste Ansatz wird mit der Tradition der Stratifikation in Verbindung gebracht, der zweite mit der weberianischen Tradition und der dritte mit der marxistischen Tradition.[6]

6 Nicht alle Strömungen der Klassenanalyse lassen sich diesen drei theoretischen Clustern eindeutig zuordnen.

Klasse als individuelle Attribute

Sowohl Soziolog:innen als auch Laien verstehen den Begriff »Klasse« in erster Linie im Hinblick auf individuelle Eigenschaften und Lebensbedingungen. Menschen haben alle möglichen Eigenschaften wie zum Beispiel Geschlecht, Alter, Race, Religion, Intelligenz, Bildung oder geografische Verortung. Einige dieser Eigenschaften sind von Geburt an vorhanden, andere werden erworben, sind aber sehr stabil, und wieder andere hängen von der jeweiligen sozialen Situation einer Person ab und können sich entsprechend verändern. Diese Eigenschaften haben Auswirkungen auf verschiedene Dinge, die wir erklären wollen, von der Gesundheit über das Wahlverhalten bis hin zu Erziehungspraktiken. Menschen können auch durch die materiellen Bedingungen, unter denen sie leben, charakterisiert werden: armselige Wohnungen, angenehme Häuser in den Vororten oder Villen in Gated Communities; bittere Armut, angemessenes Einkommen oder extravaganter Reichtum; unsicherer Zugang zu Gesundheitsdienstleistungen oder ausgezeichnete Krankenversicherung und Zugang zu hochwertigen Dienstleistungen. »Klasse« ist also eine Möglichkeit, über die Verbindung zwischen individuellen Eigenschaften und diesen materiellen Lebensbedingungen zu sprechen: Klasse bezeichnet diejenigen wirtschaftlich wichtigen Eigenschaften von Menschen, die ihre Möglichkeiten und Entscheidungen in einer Marktwirtschaft und damit ihre materiellen Lebensbedingungen bestimmen. Klasse sollte weder einfach mit den individuellen Eigenschaften noch mit den materiellen Lebensbedingungen der Menschen identifiziert werden, sondern mit den Verbindungen zwischen beiden.

Das wichtigste individuelle Merkmal, das in wirtschaftlich entwickelten Gesellschaften im Rahmen dieses Ansatzes Teil der Klasse ist, ist die Bildung, aber einige Soziologen und Soziologinnen beziehen auch etwas schwerer fassbare Attribute wie kulturelle Ressourcen, soziale Beziehungen und sogar individuelle Motivationen ein.[7] All diese Faktoren wirken sich stark auf die Chancen aus, die sich den Menschen bieten, und damit auf das Einkommen, das sie auf dem Markt erzielen können, auf die Art der Wohnung, in der sie leben dürfen, auf die Qualität der Gesundheitsversorgung, die sie wahrscheinlich erhalten werden, und noch auf vieles mehr.

Wenn sich diese verschiedenen Eigenschaften von Individuen und die materiellen Lebensbedingungen in großen Gruppen zusammenfinden, werden diese Gruppen als »Klassen« bezeichnet. Die »Mittelklasse« bezeichnet nach diesem Ansatz der Klassenforschung Menschen, die sich mehr oder weniger in der breiten Mitte von Wirtschaft und Gesellschaft befinden: Sie verfügen über genügend Bildung und Geld, um an einer vage definierten »Mainstream«-Lebensweise voll

7 Pierre Bourdieu ist der führende zeitgenössische Soziologe, der systematisch eine Reihe kultureller Elemente in eine erweiterte Liste klassenrelevanter individueller Merkmale aufnimmt.

teilzuhaben. Als »Oberklasse« werden Menschen bezeichnet, die aufgrund ihres Reichtums, ihres hohen Einkommens, ihrer sozialen Beziehungen und ihrer wertvollen Talente in der Lage sind, ihr Leben abseits der »normalen« Menschen zu führen. Als »Niedere Klassen« werden Menschen bezeichnet, die nicht über die notwendigen Bildungs- und Kulturressourcen verfügen, um sicher über der Armutsgrenze zu leben. Und schließlich bezeichnet die »Unterklasse« Menschen, die in extremer Armut leben und durch einen Mangel an grundlegender Bildung und Fähigkeiten, die für eine stabile Beschäftigung erforderlich sind, vom Mainstream der Gesellschaft ausgeschlossen sind.

Während die meisten Forschungsarbeiten im Rahmen des Konzepts der individuellen Attribute die Klasse anhand loser Abstufungen wie Ober-, Mittel- und Unterklasse erörtern, gibt es einige Strömungen, die versuchen, eine Reihe von qualitativ genauer unterschiedenen Kategorien zu spezifizieren. Ein gutes Beispiel dafür ist die Arbeit von Mike Savage und seinen Kolleg:innen, deren Analyse als »Great British Class Survey« bekannt geworden ist.[8] In Anlehnung an die Arbeiten von Pierre Bourdieu definieren sie das abstrakte Konzept der Klasse anhand von drei Dimensionen wirtschaftlich relevanter Ressourcen, über die Individuen verfügen: ökonomisches Kapital, kulturelles

8 Mike Savage et al., »A New Model of Social Class? Findings from the BBC's Great British Class Survey Experiment«, in: *Sociology* 47/2 (2013), S. 219-250.

Kapital und soziales Kapital. Dann stellen sie die empirische Frage: Wie viele Klassen lassen sich empirisch anhand der Art und Weise unterscheiden, in der sich Indikatoren dieser drei Dimensionen individueller Eigenschaften zusammenballen? Ihre auf recht ausgefeilten induktiven statistischen Strategien beruhende Antwort lautet, dass es im heutigen Großbritannien sieben Klassen gibt: Elite, etablierte Mittelklasse, technische Mittelklasse, neue wohlhabende Arbeiter, traditionelle Arbeiterklasse, aufstrebende Dienstleistungsarbeiter und Prekariat.

Bei der Betrachtung der Klasse anhand individueller Attribute besteht das zentrale Anliegen der Soziologen und Soziologinnen darin, zu verstehen, wie Menschen die Eigenschaften erwerben, die sie der einen oder anderen Klasse zuordnen. Die meisten Menschen in denjenigen Ländern, in denen Soziologen und Soziologinnen leben, erwerben wirtschaftlichen Status und Vergütungen vor allem durch die Beschäftigung in bezahlten Berufen, so dass der Schwerpunkt vieler Forschungen in dieser Tradition auf dem Prozess liegt, durch den Menschen die kulturellen, motivationalen und bildungsbezogenen Ressourcen erwerben, die ihre Tätigkeiten auf dem Arbeitsmarkt beeinflussen. Da die Lebensbedingungen in der Kindheit bei diesen Prozessen eindeutig von erheblicher Bedeutung sind, widmet diese Tradition der Klassenanalyse dem große Aufmerksamkeit, was manchmal als »Klassenhintergrund« bezeichnet wird – dem Klassencharakter des familiären Umfelds, in dem diese Schlüsselmerkmale erworben werden. Die kausale Logik dieser Art von Klassenprozessen ist in Abbildung 1 in vereinfachter Form dargestellt.

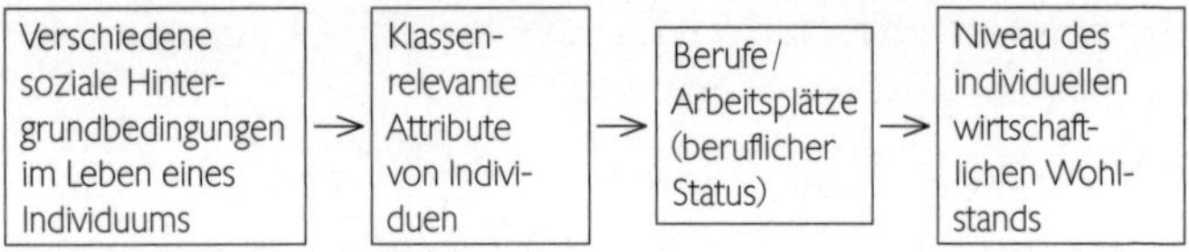

Abb. 1: Der Individuelle-Attribute-Ansatz im Hinblick auf Klasse und Ungleichheit

Fähigkeiten, Bildung und Motivation sind natürlich sehr wichtige Determinanten der wirtschaftlichen Aussichten eines Menschen. Was jedoch bei diesem Klassenbegriff fehlt, ist eine ernsthafte Betrachtung *der Ungleichheiten derjenigen Positionen*, die die Menschen einnehmen. Bildung prägt die Art der Arbeitsplätze, die Menschen bekommen, aber wie sollen wir die Natur der Arbeitsplätze begrifflich fassen, die Menschen aufgrund ihrer Bildung bekommen? Warum sind einige Arbeitsplätze »besser« als andere? Warum verleihen einige Arbeitsplätze ihren Inhabern viel Macht, während dies bei anderen nicht der Fall ist? Anstatt sich ausschließlich auf den Prozess zu konzentrieren, durch den Menschen in Positionen sortiert werden, analysieren die beiden anderen Ansätze zur Klassenanalyse zunächst gerade die Art der Positionen, in die Menschen eingeordnet werden.

Das Problem der »Chancenhortung« ist eng mit den Arbeiten Max Webers verbunden.[9] Der Kerngedanke ist dabei, dass die Inhaber von Arbeitsplätzen, die ein hohes Einkommen und besondere Vorteile verschaffen sollen, über verschiedene Mittel verfügen, um andere Menschen vom Zugang zu diesen Arbeitsplätzen auszuschließen. Dies wird manchmal auch als Prozess der *sozialen Schließung* bezeichnet, das heißt als Prozess, bei dem der Zugang zu einer Position für einige Personen reserviert ist und anderen verschlossen bleibt. Eine Möglichkeit, eine soziale Schließung zu erreichen, besteht darin, Anforderungen für die Besetzung einer Stelle zu schaffen, deren Erfüllung sehr kostspielig ist. Bildungsabschlüsse haben oft diesen Charakter: Ein hohes Bildungsniveau führt zu hohen Einkommen, zum Teil, weil das Angebot an hochqualifizierten Personen stark eingeschränkt ist. Zulassungsverfahren, Studiengebühren, die Risikoscheu einkommensschwacher Menschen vor hohen Krediten und eine Reihe anderer Faktoren versperren vielen Menschen den Zugang zu höherer Bildung – und diese Hindernisse kommen denjenigen zugute, die einen Arbeitsplatz haben, der eine höhere Bildung erfordert. Würden massive Anstrengungen un-

9 Unter den amerikanischen Soziologen wurde der Begriff »Chancenhortung« am deutlichsten von Charles Tilly verwendet, insbesondere in seinem Buch *Durable Inequality* (Berkeley: University of California Press 1999). Auch Bourdieus Arbeit über Felder und Formen des Kapitals dreht sich um Prozesse der Chancenhortung.

ternommen, um das Bildungsniveau der Menschen mit geringerer Bildung zu verbessern, würde dieses Programm den Wert der Bildung für diejenigen senken, die sie bereits haben, da ihr Wert zu einem erheblichen Teil von ihrer Knappheit abhängt. Der Chancenhortungsmechanismus ist in Abbildung 2 dargestellt.

Abb. 2: Der Chancenhortung-Ansatz im Hinblick auf Klasse und Ungleichheit

Einige mögen gegen diese Beschreibung von Bildungsabschlüssen einwenden, dass sich Bildung auch auf das Einkommen auswirkt, indem sie die Produktivität einer Person steigert. Wirtschaftswissenschaftlern zufolge schafft Bildung »Humankapital«, das die Menschen produktiver macht, und diese höhere Produktivität soll dazu führen, dass Arbeitgeber bereit sind, ihnen höhere Löhne zu zahlen. Ein Teil des höheren Verdienstes, der mit höherer Bildung einhergeht, ist zwar tatsächlich auf Produktivitätsunterschiede zurückzuführen, aber das ist nicht die ganze Geschichte. Ebenso wichtig ist die Art und Weise, wie der Prozess des Bildungserwerbs Menschen durch verschiedene Mechanismen ausschließt und somit das Angebot an Menschen, die diese Arbeitsplätze annehmen können, einschränkt. Ein einfaches Gedankenexperiment zeigt, wie dies funktioniert: Stellen Sie sich vor, die Vereinigten Staaten hätten offene Grenzen und ließen jeden mit einem Abschluss in Medizin, Ingenieurwesen oder Informatik irgendwo auf der Welt in die USA kommen und seinen Beruf ausüben. Der massive Anstieg des Angebots an Menschen mit diesen Abschlüssen würde die Verdienstmöglichkeiten der Inhaber:innen dieser Abschlüsse einschränken, obwohl ihre Kenntnisse und Fähigkeiten und damit ihre Produktivität gar nicht beeinträchtigt würden. Das Staatsbürgerschaftsrecht ist eine spezifische und wirkungsvolle Form der »Lizenz« zum Verkauf der eigenen Arbeitskraft auf einem Arbeitsmarkt.

Qualifikationsnachweise und Lizenzen sind besonders wichtige Mechanismen für das Horten von Chancen, aber viele andere institutionelle Vorkehrungen wurden zu verschiedenen Zeiten und an verschiedenen Orten getroffen, um den Zugang zu bestimmten Arten von Arbeitsplätzen zu beschränken: Schranken im Hinblick auf die Hautfarbe schlossen rassifizierte Minderheiten von vielen Arbeitsplätzen in den Vereinigten Staaten aus, vor allem (aber nicht nur) im Süden bis in die 1960er Jahre; Regelungen für Verheiratete und geschlechtsspezifische Ausschlüsse begrenzten den Zugang zu bestimmten Arbeitsplätzen für Frauen bis weit ins 20. Jahrhundert hinein in den meisten entwickelten kapitalistischen Ländern; Religion, kultureller Lebensstil, Umgangsformen, Akzent – all dies waren ebenfalls Mechanismen der Ausgrenzung.

Der vielleicht wichtigste Ausschlussmechanismus, der

die Privilegien und Vorteile von Menschen auf bestimmten Arbeitsplätzen in einer kapitalistischen Gesellschaft schützt, sind die privaten Eigentumsrechte an den Produktionsmitteln. Privateigentumsrechte sind die zentrale Form der Ausgrenzung, die den Zugang zum »Arbeitsplatz« des kapitalistischen Arbeitgebers bestimmt. Würden Arbeiter versuchen, eine Fabrik zu übernehmen und selbst zu leiten, würden sie gegen diesen Schließungsprozess verstoßen, indem sie ihren Ausschluss von der Kontrolle über die Produktionsmittel in Frage stellen. Die Fähigkeit der Eigentümer, Gewinne zu erzielen, hängt von der Verteidigung dieses Ausschlusses ab, den wir »Eigentumsrechte« nennen. Die zentrale Klassenspaltung zwischen Kapitalisten und Arbeitern, die sowohl in der weberianischen als auch in der marxistischen Tradition der Soziologie zu finden ist, kann daher als Ausdruck einer spezifischen Form der Chancenhortung verstanden werden, die durch die rechtlichen Regeln der Eigentumsrechte durchgesetzt wird.

Ausgrenzungsmechanismen, die im Rahmen des Chancenhortungsansatzes die Klassenstrukturen prägen, wirken nicht nur in den privilegiertesten Teilen der Klassenstruktur. Auch Gewerkschaften können als Ausschlussmechanismus fungieren, indem sie die Inhaber von Arbeitsplätzen vor der Konkurrenz durch Außenseiter schützen. Dies bedeutet zwar nicht, dass die Gewerkschaften letztlich zur Vergrößerung der Ungleichheit beitragen, da sie auch politisch handeln können, um Ungleichheiten zu verringern – und sie können Ungleichheiten, die durch andere Ausschlussmechanismen entstehen, wirksam verringern, insbesondere Mechanismen, die mit dem Privateigentum an Produktionsmitteln zusammenhängen. In dem Maße, in dem die Gewerkschaften Hindernisse für den Zugang zu bestimmten Arbeitsplätzen errichten, schaffen sie jedoch eine Form der sozialen Schließung, die die materiellen Lebensbedingungen ihrer Mitglieder verbessert.

Soziolog:innen, die den Chancenhortungsansatz vertreten, unterscheiden in der amerikanischen Gesellschaft in der Regel drei große Klassenkategorien: Kapitalisten, die durch private Eigentumsrechte an Produktionsmitteln definiert sind; die Mittelklasse, die durch Ausschlussmechanismen beim Erwerb von Bildung und Fähigkeiten definiert ist; und die Arbeiterklasse, die durch ihren Ausschluss sowohl von höheren Bildungsabschlüssen als auch vom Kapital definiert ist. Der Teil der Arbeiterklasse, der von den Gewerkschaften geschützt wird, wird entweder als privilegierte Schicht innerhalb der Arbeiterklasse oder manchmal als Teil der Mittelklasse betrachtet.

Der entscheidende Unterschied zwischen den Mechanismen der Chancenhortung und den Mechanismen der individuellen Attribute ist folgender: Chancenhortung bedeutet, dass die wirtschaftlichen Vorteile, die Menschen aus einer privilegierten Klassenposition ziehen, *kausal* mit den Nachteilen von Menschen *verbunden sind*, die von diesen Klassenpositionen ausgeschlossen sind. Bei den Mechanismen, die mit individuellen Attributen verbunden sind, sind Vorteile und Nachteile hingegen unabhängig voneinander und werden durch Prozesse erzeugt, die an Individuen gebunden sind. Um es einfach auszudrücken: Im Falle der Mechanismen der Chancenhortung sind die Reichen zum Teil deshalb reich, *weil* die Armen arm sind; die Reichen tun Dinge, um ihren Reichtum zu sichern, die zu den Nachteilen beitragen, denen die Armen in der Welt ausgesetzt sind. Im Falle einfacher individueller Eigenschaften sind die Reichen reich, weil sie vorteilhafte Eigenschaften haben; die Armen sind arm, weil ihnen diese Eigenschaften fehlen; und es gibt keinen systematischen kausalen Zusammenhang zwischen diesen Tatsachen. Dieser Auffassung zufolge würde die Beseitigung der Armut durch Verbesserung der relevanten Eigenschaften der Armen – durch Verbesserung ihrer Bildung, ihres kulturellen Niveaus und ihres Humankapitals – den Wohlhabenden in keiner Weise schaden. Da, wo hingegen Mechanismen der Chancenhortung die Hauptrolle spielen, macht die Beseitigung der Armut durch Beseitigung der Ausschlussmechanismen möglicherweise die Vorteile der Wohlhabenden innerhalb des bestehenden Systems zunichte.

Klasse als Ausbeutung und Herrschaft

Klasse als Ausbeutung und Herrschaft ist die umstrittenste Art, über Klasse nachzudenken.[10] Die meisten

10 Für den vorliegenden Zweck ist es sinnvoll, Herrschaft und Ausbeutung als eng miteinander verbundene Mechanismen zu

Sozialoginnen ignorieren diese Mechanismen, wenn sie über Klasse sprechen, und einige leugnen ausdrücklich ihre Relevanz. Diese Mechanismen der Klassenanalyse werden am stärksten mit der marxistischen Tradition der Soziologie in Verbindung gebracht, aber einige Soziologen, die stärker von Weber beeinflusst sind, beziehen auch Ausbeutung und Herrschaft in ihren Klassenbegriff ein.[11]

»Herrschaft« und vor allem »Ausbeutung« sind in der Soziologie umstrittene Begriffe, da sie in der Regel ein moralisches Urteil implizieren und nicht bloß eine neutrale Beschreibung darstellen. Viele Soziologen versuchen, diese Begriffe wegen ihres normativen Gehalts zu vermeiden.[12] Doch ich bin der Meinung,

betrachten. Für manche Erklärungszwecke wäre der eine oder der andere Mechanismus wichtiger.

11 Weber entwickelt natürlich eine ausführliche allgemeine Diskussion über Herrschaft, Macht und Autorität, aber hauptsächlich im Zusammenhang mit seinen Analysen von Organisationen und des Staates, nicht mit seiner Spezifizierung des Klassenbegriffs; und er ignoriert das Problem der Ausbeutung völlig.

12 John Goldthorpe wendet sich aus diesen Gründen ausdrücklich gegen den Begriff der Ausbeutung. In einer Fußnote zu einem Artikel im *American Journal of Sociology*, in dem er den auf Einkünften basierenden Klassenbegriff von Aage Sørenson kommentiert, sagt Goldthorpe über den Begriff der Ausbeutung, dass er »ein Wort ist, das ich selbst gerne aus dem soziologischen Lexikon verschwinden sehen würde«. Zur Verdeutlichung fügt er hinzu: »Seine Funktion im marxistischen Denken bestand darin, eine Verschmelzung von normativen und Tatsachenaussagen in einer Weise zu ermöglichen, die ich für inakzeptabel halte.« Und er schlussfolgert: »Wenn die Berufung auf die Ausbeutung nur eine Möglichkeit ist, auf das Vorhandensein strukturell entgegengesetzter Klasseninteressen hinzuweisen, die zu Nullsummenkonflikten führen, dann ist ihre Verwendung

dass sie wichtig sind und bestimmte Schlüsselaspekte für das Verständnis von Klasse ganz genau identifizieren. Sowohl Herrschaft als auch Ausbeutung beziehen sich auf die Art und Weise, in der Menschen das Leben anderer kontrollieren. »Herrschaft« bezieht sich auf die Fähigkeit, die *Aktivitäten* anderer zu kontrollieren, »Ausbeutung« bezieht sich auf die Erlangung von wirtschaftlichem Nutzen aus der Arbeitstätigkeit der Beherrschten. Jede Ausbeutung setzt also eine Art von Herrschaft voraus, aber nicht jede Herrschaft ist mit Ausbeutung verbunden. Gefängniswärter zum Beispiel herrschen über Gefangene, beuten sie aber nicht unbedingt aus.

In Ausbeutungs- und Herrschaftsverhältnissen profitiert eine Gruppe nicht nur, indem sie den Zugang zu bestimmten Ressourcen oder Positionen einschränkt, darüber hinaus ist diese ausbeutende/herrschende Gruppe auch in der Lage, die Arbeitsleistung einer anderen zu ihrem eigenen Vorteil zu kontrollieren. Betrachten wir die folgenden klassischen, gegensätzlichen Fälle: Im ersten Fall erlangen Großgrundbesitzer die Kontrolle über gemeinsames Weideland, schließen die Bauern vom Zugang zu diesem Land aus und ziehen wirtschaftliche Vorteile aus ihrer ausschließlichen Kontrolle des Landes für ihren eigenen Gebrauch. Im zweiten Fall erlangen Großgrundbesitzer die Kontrolle über das Weideland, schließen die Bauern aus, holen aber

harmlos, aber kaum notwendig.« »Commentary on Sørenson«, in: *American Journal of Sociology* 105/6 (2000), S. 1574.

dann einige dieser Bauern als Landarbeiter zurück auf das Land. In diesem zweiten Fall profitiert der Großgrundbesitzer nicht nur von der Kontrolle über den Zugang zum Land (Chancenhortung), sondern er herrscht auch über die Arbeit der Landarbeiter und beutet sie aus. Dies ist eine stärkere Form der relationalen Interdependenz als im Fall des einfachen Ausschlusses, denn hier besteht eine ständige Beziehung zwischen den *ökonomischen Aktivitäten* der begünstigten und der benachteiligten Personen und nicht nur eine Beziehung zwischen ihren *ökonomischen Bedingungen*. Ausbeutung und Herrschaft sind Formen der strukturierten Ungleichheit, die eine ständige aktive Zusammenarbeit zwischen Ausbeutern und Ausgebeuteten, Herrschern und Beherrschten erfordern.

Dieser Unterschied hinsichtlich der Rolle der sozialen Beziehungen innerhalb der drei Ansätze zur Klassenanalyse ist in Tabelle 1 zusammengefasst. Der Ansatz der individuellen Attribute ist der am wenigsten relationale, da weder die ökonomischen Bedingungen, unter denen die Menschen leben, noch ihre Aktivitäten als direkte Widerspiegelung der sozialen Beziehungen verstanden werden. Der Chancenhortungsansatz geht davon aus, dass die ökonomischen Bedingungen der Menschen durch Ausschlussbeziehungen geformt werden, aber er spezifiziert die Klasse nicht als Verkörperung der Beziehungen zwischen den Aktivitäten. Der Ansatz der Ausbeutung/Herrschaft schließt beide Formen von Beziehungen ein.

Ansätze der Klassenanalyse	Ökonomische Bedingungen	Ökonomische Aktivitäten
Individuelle Attribute	Nichtrelational	Nichtrelational
Chancenhortung	Relational	Nichtrelational
Herrschaft/Ausbeutung	Relational	Relational

Tabelle 1: Die Rolle der sozialen Beziehungen in verschiedenen Ansätzen der Klassenanalyse

Der Ansatz der Klasse als Herrschaft und Ausbeutung ist in Abbildung 3 dargestellt. Wie beim Ansatz der Chancenhortung sind Macht und rechtliche Regeln, die eine soziale Schließung erzwingen, wichtig für die Definition der grundlegenden Struktur sozialer Positionen, insbesondere für die machtvolle Form der sozialen Schließung und Ausgrenzung, die wir »Privateigentum an Produktionsmitteln« nennen. Aber hier ist die entscheidende Auswirkung der Chancenhortung die Beherrschung und Ausbeutung, nicht einfach der Marktvorteil.

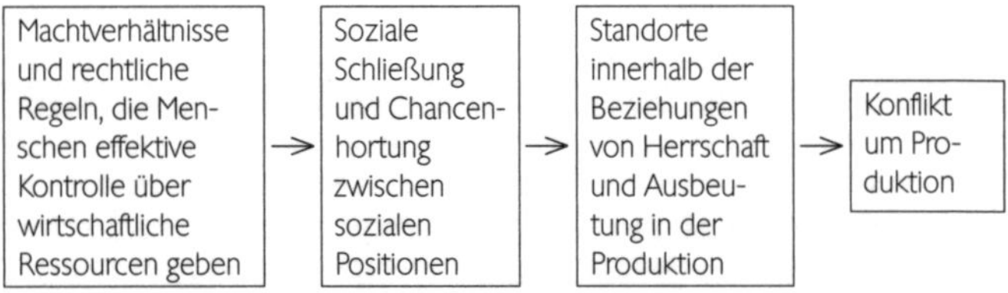

Abb. 3: Der Ausbeutung-und-Herrschaft-Ansatz im Hinblick auf Klasse und Ungleichheit

Im Rahmen des Ausbeutung-und-Herrschaft-Ansatzes besteht die zentrale Klassenspaltung innerhalb einer kapitalistischen Gesellschaft zwischen denjenigen, die die Produktionsmittel der Wirtschaft besitzen und kontrollieren – den Kapitalisten –, und denjenigen, die zur Nutzung dieser Produktionsmittel angestellt sind – den Arbeitern. In diesem Rahmen beuten die Kapitalisten die Arbeiter aus und herrschen zugleich über sie. Andere Arten von Positionen innerhalb der Klassenstruktur erhalten ihren spezifischen Charakter durch ihre Beziehung zu dieser grundlegenden Spaltung. Manager zum Beispiel üben viele Herrschaftsbefugnisse aus, sind aber ebenfalls den Kapitalisten untergeordnet. Vorstandsvorsitzende und Spitzenmanager von Unternehmen erwerben oft erhebliche Eigentumsanteile an ihren Unternehmen und werden dadurch eher zu Kapitalisten. Hochqualifizierte Fachkräfte und einige Kategorien von technischen Arbeitern verfügen über ausreichende Kontrolle über Wissen (eine entscheidende Ressource in der heutigen Wirtschaft) und Fähigkeiten, so dass sie eine beträchtliche Autonomie gegenüber der Herrschaft innerhalb der Arbeitswelt aufrechterhalten und das Ausmaß ihrer Ausbeutung erheblich reduzieren oder sogar neutralisieren können.[13]

Sowohl beim Ansatz der Chancenhortung als auch beim Ansatz der Ausbeutung / Herrschaft spielt Macht

13 Eine Möglichkeit, die Komplexität dieser vielfältigen, sich überschneidenden Klassenmechanismen zu erfassen, besteht darin, andere Klassenstandorte als die polarisierten Standorte der Kapitalisten und der Arbeiterklasse als »widersprüchliche Standorte innerhalb von Klassenstandorten« zu charakterisieren. Zu einer Ausarbeitung dieser Idee siehe Wright, *The Debate on Classes*, und *Class Counts*.

eine wichtige Rolle. In beiden Ansätzen werden die mit der Klassenstruktur verbundenen Ungleichheiten bei Einkommen und Vermögen durch die Ausübung von Macht und nicht einfach durch die Handlungen von Einzelpersonen aufrechterhalten. Die Ungleichheiten, die durch das Horten von Chancen entstehen, erfordern den Einsatz von Macht, um Ausschlüsse durchzusetzen, und die Ungleichheiten, die mit der Ausbeutung verbunden sind, erfordern Überwachung, Kontrolle der Arbeitsanstrengungen und Sanktionen, um die Arbeitsdisziplin durchzusetzen. In beiden Fällen bedrohen soziale Kämpfe, die diese Formen der Macht in Frage stellen, potenziell die Privilegien der Menschen in den begünstigten Klassenpositionen.

Die drei Cluster der Klassenmechanismen integrieren

Obwohl Soziologen und Soziologinnen im Allgemeinen dazu neigen, ihre Forschung auf den einen oder anderen dieser drei Ansätze zu stützen, gibt es keinen Grund, sie als sich gegenseitig ausschließend zu betrachten. Stattdessen können wir die Realität von Klasse als Ergebnis der komplexen Wechselwirkungen der verschiedenen Mechanismen betrachten, die in jedem Ansatz identifiziert werden. Eine Möglichkeit, die drei Ansätze zu kombinieren, besteht darin, jeden von ihnen als Identifikation eines Schlüsselprozesses zu betrachten, der jeweils einen anderen Aspekt der Klassenstruktur prägt:

1. Die Ausbeutungs- und Herrschaftsmechanismen identifizieren die grundlegende Klassenspaltung, die mit dem kapitalistischen Charakter der Wirtschaft verbunden ist: die Klassenspaltung zwischen Kapitalisten und Arbeitern.
2. Die Chancenhortung identifiziert den zentralen Mechanismus, der Arbeitsplätze der »Mittelklasse« von der breiteren Arbeiterklasse unterscheidet, indem er Barrieren schafft, die auf die eine oder andere Weise das Angebot an Menschen für begehrte Arbeitsplätze einschränken. Hier geht es nicht in erster Linie darum, *wer* ausgeschlossen wird, sondern einfach darum, dass es Ausschlussmechanismen gibt, die die Privilegien derjenigen aufrechterhalten, die sich in der Mittelklasse befinden.
3. Die Mechanismen der individuellen Eigenschaften und Lebensbedingungen identifizieren eine Reihe von Prozessen, durch die Individuen in Positionen in der Klassenstruktur einsortiert oder von diesen Positionen gänzlich ausgeschlossen werden. Das Horten von Chancen zeigt Ausschließungsprozesse auf, die mit Arbeitsplätzen der Mittelklasse verbunden sind. Der Ansatz der individuellen Eigenschaften und Lebensbedingungen hilft zu spezifizieren, was im Leben der Menschen der Grund dafür ist, dass jemand Zugang zu den begehrten Arbeitsplätzen der Mittelklasse hat oder von sicheren Arbeitsplätzen der Arbeiterklasse ausgeschlossen ist.

Diese drei Prozesse laufen in allen kapitalistischen Gesellschaften ab. Die Unterschiede zwischen den Klassenstrukturen in den einzelnen Ländern ergeben sich aus den Details, wie diese Mechanismen dort funktionieren und zusammenwirken. Die theoretische Aufgabe besteht darin, die verschiedenen Arten der Verknüpfung und Kombination dieser Mechanismen zu durchdenken. Die empirische Aufgabe besteht darin, herauszufinden, wie man jeden einzelnen Mechanismus und seine Wechselwirkungen untersuchen kann.

Ein mögliches kombiniertes Mikro-Makro-Modell ist in Abbildung 4 schematisch dargestellt. In diesem Modell führen die Machtverhältnisse und rechtlichen Regeln, die den Menschen eine effektive Kontrolle über die wirtschaftlichen Ressourcen (Produktionsmittel, Finanzkapital und Humankapital) ermöglichen, zu Strukturen der sozialen Schließung und der Chancenhortung, die mit sozialen Positionen verbunden sind. Das Horten von Chancen erzeugt also drei Ströme von kausalen Effekten:

1. Es prägt die Prozesse auf der Mikroebene, durch die Individuen klassenrelevante Attribute erwerben.
2. Es prägt die Struktur der Standorte innerhalb der Marktbeziehungen (Berufe und Arbeitsplätze) und die damit verbundenen Verteilungskonflikte.
3. Es prägt die Struktur der Produktionsverhältnisse, insbesondere der Herrschafts- und Ausbeutungsverhältnisse, und die damit verbundenen Konflikte innerhalb der Produktion.

Der erste dieser Kausalströme formt wiederum den Fluss von Menschen hin zu Klassenstandorten auf dem Markt und in der Produktion. Die Klassenattribute der Individuen und ihre Standorte (definiert innerhalb des Marktes und der Produktion) wirken sich auf das Niveau des individuellen wirtschaftlichen Wohlstands aus.

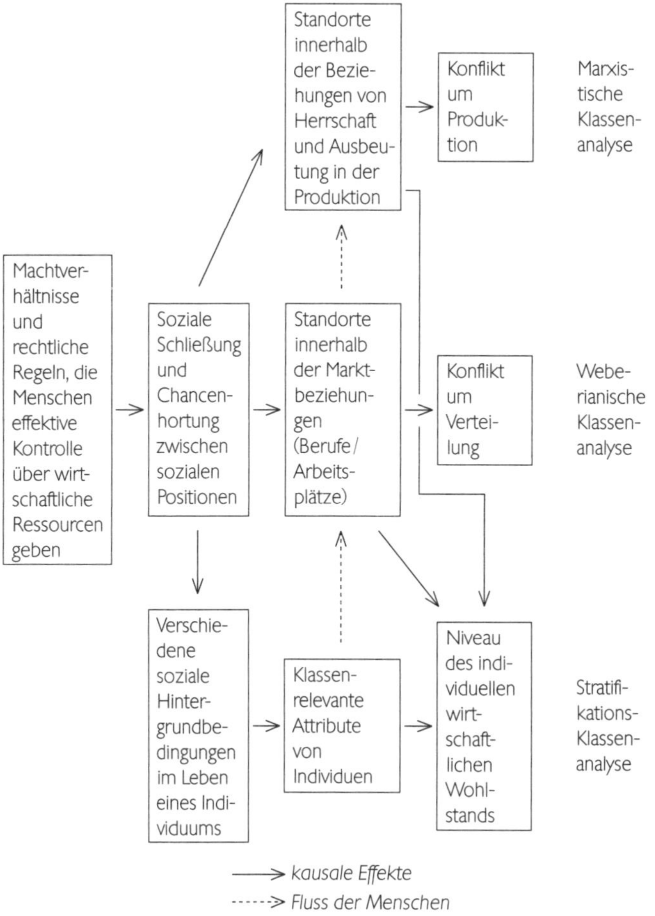

Abb. 4: Kombinierte Klassenanalyse: Makro- und Mikroprozesse

Ein letztes Element des umfassenden synthetischen Modells ist noch erforderlich. In Abbildung 4 werden Machtbeziehungen und rechtliche Regeln als exogene Strukturen behandelt, obwohl diese grundlegenden Machtbeziehungen selbst durch Klassenprozesse und Klassenkonflikte geformt werden. Dies ist wichtig, weil Strukturen der Ungleichheit dynamische Systeme sind und das Schicksal der Individuen innerhalb des Systems nicht nur von den Prozessen auf der Mikroebene abhängt, denen sie in ihrem Leben begegnen, oder von den sozialen Strukturen, innerhalb derer sich dieses Leben abspielt, sondern auch von der Entwicklung des Systems als ganzem, innerhalb dessen diese Mikroprozesse stattfinden. Die zugrundeliegenden Machtverhältnisse, die eine bestimmte Struktur von Klassenstandorten stützen, als feste Parameter zu behandeln, ist gänzlich irreführend und trägt zu der falschen Auffassung bei, dass das Schicksal des Einzelnen einfach von seinen Eigenschaften und individuellen Umständen abhängt. Was wir daher brauchen, ist ein rekursives dynamisches Makromodell, in dem die durch die sozialen Beziehungen hervorgerufenen Kämpfe zur Veränderung der Beziehungen selbst beitragen. Dies legt das Makromodell nahe, das in stark vereinfachter Form in Abbildung 5 dargestellt ist. Eine vollständig ausgearbeitete Klassenanalyse kombiniert also diese Art von dynamischem Makromodell von Konflikt und Wandel mit dem Makro-Mikro-Mehrebenen-Modell von Klassenprozessen und individuellen Leben. In einem solchen Modell werden die wichtigsten Erkenntnisse von Stratifizierungsansätzen, weberianischen Ansätzen und marxistischen Ansätzen kombiniert.

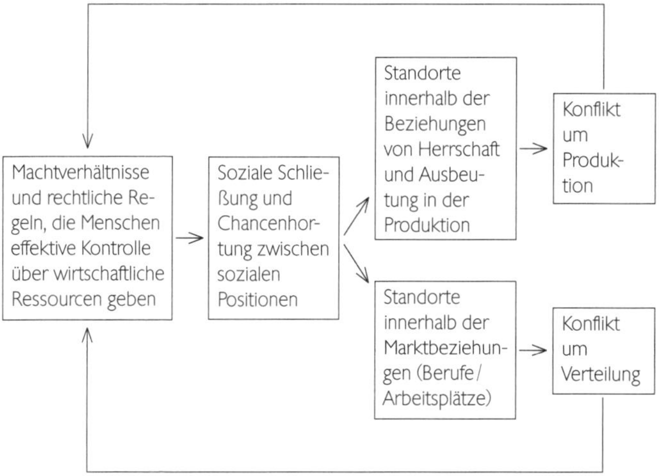

Abb. 5: Dynamisches Makro- und Mikromodell

Die amerikanische Klassenstruktur im 21. Jahrhundert in einer integrierten Klassenanalyse

Wirtschaftssysteme unterscheiden sich darin, wie weitreichend die Rechte und Befugnisse sind, die mit dem Privateigentum an Produktionsmitteln einhergehen, und somit in der Art der Klassenspaltung zwischen Kapitalisten und Arbeitern. Die Vereinigten Staaten werden seit langem als eine kapitalistische Wirtschaft mit einer schwachen öffentlichen Regulierung des kapitalistischen Eigentums charakterisiert. Dies spiegelt sich in einer Reihe von entscheidenden Fakten über die USA wider: ein sehr niedriger Mindestlohn, der höhere Ausbeutungsraten zulässt, als es sonst der Fall wäre; eine niedrige Besteuerung hoher Einkommen, die es den reichsten Teilen der Kapitalistenklasse ermöglicht, auf außerordentlich extravagante Weise zu leben; schwache Gewerkschaften und andere Formen der Arbeitnehmerorganisation, die als Gegengewicht zur Herrschaft innerhalb der Produktion wirken könnten. Im Ergebnis weisen die Vereinigten Staaten unter den entwickelten kapitalistischen Ländern wahrscheinlich die am stärksten polarisierte Klassenspaltung entlang der Achse von Ausbeutung und Herrschaft auf.

Was die Bildung einer Mittelklasse durch Mechanismen der Chancenhortung, insbesondere in Verbindung mit Bildung, betrifft, so haben die USA historisch gesehen eine der größten Mittelklassen unter den entwickelten kapitalistischen Ländern. Die Vereinigten Staaten waren das erste Land, das die Hochschulbildung massiv ausbaute, und lange Zeit war der Zugang zur Hochschulbildung sehr offen und relativ kostengünstig, so dass auch Menschen mit geringen Mitteln eine Universität besuchen konnten. Die Vereinigten Staaten zeichneten sich auch durch ein mehrstufiges Hochschulsystem – mit Community Colleges, Junior Colleges, Liberal Arts Colleges und Universitäten – aus, das es den Menschen ermöglichte, erst später im Leben in die Hochschulbildung einzusteigen und von einer Stufe zur anderen zu wechseln. Man konnte es als junger Erwachsener vermasseln, aber wenn man »die Kurve kriegte«, gab es zumindest die Möglichkeit, wieder zur Schule zu gehen, einen Abschluss zu machen und Zugang zu einer Beschäftigung in der Mittelklasse zu erhalten. Dieses große und vielfältige System der Hochschulbildung trug dazu bei, dass eine große Zahl von Arbeitsplätzen in der Mittelklasse geschaffen wurde. Hinzu kam in den Jahrzehnten nach dem Zweiten Weltkrieg eine relativ starke Arbeiterbewegung, die in der Lage war, den Wettbewerb um Arbeitsplätze im Kern der amerikanischen Wirtschaft, die keine Hochschulbildung erforderten, zu dämpfen. Die Arbeiterbewegung ermöglichte es den gewerkschaftlich organisierten Arbeitnehmern in diesen Berufen, ein ähnliches Einkommen und eine ähnliche Sicherheit zu erlangen wie die Mittelklasse mit Hochschulabschluss.

Entgegen der weit verbreiteten Rhetorik waren die Vereinigten Staaten jedoch nie eine echte »Mittelklassegesellschaft«. Die meisten Arbeitsplätze in der US-Beschäftigungsstruktur wurden nicht durch exklusive Qualifikationsnachweise begünstigt, und die Arbeiterbewegung hat nie mehr als 35 Prozent der nichtleitenden Arbeitskräfte organisiert. Darüber hinaus sind in den letzten Jahrzehnten zumindest einige dieser Prozesse der Ausschließung der Mittelklasse erodiert: Die Arbeiterbewegung ist seit den 1970er Jahren rapide geschrumpft; viele Arten von Arbeitsplätzen in der Mittelklasse sind unsicherer geworden und werden durch die Qualifikationsnachweise, die mit der Beschäftigung in solchen Positionen verbunden sind, weniger geschützt; und die Wirtschaftskrise am Ende des ersten Jahrzehnts des 21. Jahrhunderts hat das Gefühl der

Unsicherheit bei vielen verstärkt, die sich immer noch als Angehörige der Mittelklasse betrachten. Während also Hochschulbildung und zunehmend auch fortgeschrittene akademische Abschlüsse nach wie vor eine zentrale Rolle für den Zugang zu vielen der besten Arbeitsplätze in der amerikanischen Wirtschaft spielen, sind die Zukunftsaussichten für eine große und stabile Mittelklasse weit weniger klar.[14]

Schließlich ist die Klassenstruktur in den USA durch einen besonders brutalen Prozess gekennzeichnet, durch den individuelle Eigenschaften geformt werden, die für das Schicksal des Einzelnen in der Klassenstruktur relevant sind. Das Bildungssystem ist so organisiert, dass die Qualität der Bildung, die Kindern aus armen Familien zur Verfügung steht, im Allgemeinen weit hinter der Qualität der Bildung von Kindern aus der Mittelklasse und wohlhabenden Familien zurückbleibt. Dieses Defizit der öffentlichen Bildung für die Armen wird durch die extremen Benachteiligungen, die mit der Armut in den Vereinigten Staaten aufgrund des Fehlens eines angemessenen sozialen Sicherheitsnetzes und unterstützender Dienstleistungen für arme Familien einhergehen, noch verstärkt. Die rasche Deindustrialisierung der US-Wirtschaft und das Fehlen umfassender Berufsbildungsprogramme für Menschen, die durch

14 Zu einer Diskussion über die Muster der Polarisierung hinsichtlich der Arbeitsplätze in den letzten Jahrzehnten siehe Erik Olin Wright und Rachel Dwyer, »Patterns of Job Expansion and Contraction in the United States, 1960s-1990s«, in: *Socio-Economic Review* 1/3 (2003), S. 289-325.

die Deindustrialisierung ihre Arbeit verloren, bedeutet, dass eine beträchtliche Anzahl von Menschen nicht über die für die derzeitige Arbeitsmarktstruktur erforderlichen Qualifikationen verfügt. Das Ergebnis ist, dass die Klassenstruktur in den USA die höchsten Armutsraten und die höchste wirtschaftliche Ausschließung unter allen vergleichbaren Ländern aufweist. All diese Prozesse werden durch die anhaltende Bedeutung des Rassismus noch verstärkt, der Afroamerikaner und andere rassistisch unterdrückte Gruppen besonders anfällig für Ausgrenzung macht.

Nimmt man all diese Prozesse zusammen, so ergibt sich das folgende allgemeine Bild der Klassenstruktur in den USA zu Beginn des 21. Jahrhunderts:

- Eine extrem reiche Kapitalistenklasse sowie eine Klasse von Managern, die einen außerordentlich hohen Konsumstandard haben und deren wirtschaftliche Machtausübung relativ wenig eingeschränkt wird. Die Klassenstruktur der USA ist die an der Spitze am stärksten polarisierte Klassenstruktur der entwickelten kapitalistischen Länder.
- Eine historisch gesehen große und relativ stabile Mittelklasse, die in einem ausgedehnten und flexiblen System der Hochschulbildung und der technischen Ausbildung verankert ist, das mit Arbeitsplätzen verbunden ist, für die verschiedene Qualifikationen erforderlich sind, deren Sicherheit und künftiger Wohlstand aber jetzt ungewiss sind.
- Eine Arbeiterklasse, die sich einst durch einen rela-

tiv großen gewerkschaftlich organisierten Teil auszeichnete, der einen ähnlichen Lebensstandard und eine ähnliche Sicherheit wie die Mittelklasse aufwies, heute aber weitgehend ohne diese Absicherung auskommen muss.

- Ein armes und prekäres Segment der Arbeiterklasse, das sich durch niedrige Löhne und relativ unsichere Arbeitsplätze auszeichnet und auf dem Arbeitsmarkt einem uneingeschränkten Wettbewerb mit minimalen staatlichen Schutzmaßnahmen ausgesetzt ist.
- Ein marginalisierter, verarmter Teil der Bevölkerung, der nicht über die Fähigkeiten und die Ausbildung verfügt, die für Arbeitsplätze oberhalb der Armutsgrenze erforderlich sind, und der unter Bedingungen lebt, die den Erwerb dieser Fähigkeiten extrem erschweren. Die Klassenstruktur der USA ist unter den entwickelten kapitalistischen Ländern am stärksten nach unten polarisiert.
- Ein Muster der Interaktion von Race und Klasse, bei dem die arbeitenden Armen und die marginalisierte Bevölkerung überproportional aus rassifizierten Minderheiten bestehen.

Der Weg zu einer integrierten Klassenanalyse

Die Annahme des hier vorgeschlagenen integrierten Rahmens für die Klassenanalyse stellt Analytiker und Analytikerinnen, die in der marxistischen Tradition arbeiten, vor andere Herausforderungen als diejenigen, die in der stratifizierenden oder weberianischen Tradition der Soziologie arbeiten. Für viele Marxistinnen besteht die größte Herausforderung darin, zu erkennen, dass die Stärke des Marxismus in seiner Theorie einer spezifischen Reihe von Kausalmechanismen liegt und nicht in seinem Anspruch, ein umfassendes Paradigma der Sozialwissenschaften zu sein. Historisch gesehen wurde die Relevanz dieser Mechanismen mit der Rhetorik inkommensurabler Paradigmen verteidigt, einschließlich der Argumente für eine eigenständige marxistische Erkenntnistheorie und Methodologie, die den Marxismus deutlich von seinen Rivalen unterschied. Ich glaube nicht, dass diese Art der Verteidigung der marxistischen Ideen überzeugend ist. Der Marxismus ist eine bedeutende Tradition der Sozialwissenschaften, weil er für eine Reihe wichtiger Phänomene überzeugende Erklärungen liefert und nicht weil er eine besondere Methode hat, die ihn von allen anderen sozialwissenschaftlichen Strömungen unterscheidet. Es bleibt natürlich denkbar, dass diese Art von Paradigmenstreben in einer zukünftigen Iteration der Bemühungen, den Marxismus als ein unverwechselbares umfassendes Paradigma zu formulieren, verwirklicht werden könnte. Gegenwärtig scheint es jedoch besser zu sein, den Marxismus als ein Forschungsprogramm anzusehen, das durch den Fokus auf eine bestimmte Reihe von Problemen, Mechanismen und vorläufigen explanatorischen Theorien definiert ist.

Die Herausforderung einer integrierten Klassenanalyse mag für Soziologinnen und Soziologen, die in der Tradition der Stratifizierung arbeiten, noch größer sein. Schließlich haben marxistische Klassenanalysen in der Praxis immer auch Diskussionen über individuelle Eigenschaften und die materiellen Lebensbedingungen von Menschen innerhalb einer Wirtschaftsstruktur einbezogen, und das Horten von Chancen ist ein integraler Bestandteil des Konzepts der gesellschaftlichen Produktionsverhältnisse. Stratifizierungstheoretiker hingegen haben das Problem der Ausbeutung ignoriert und höchstens von »Benachteiligung« gesprochen, und auch Herrschaft kommt in diesem Klassenkonzept nicht vor. Ausbeutung und Herrschaft als zentrale Achsen der Klassenanalyse anzuerkennen, heißt, die Bedeutung einer Struktur sozialer Positionen anzuerkennen, die sich von den Personen unterscheidet, die diese Positionen besetzen, und auch dies ist der Stratifikationsforschung weitgehend fremd.

In gewisser Weise haben es die Weberianer vielleicht am leichtesten. Zum einen strebten die meisten weberianisch inspirierten Soziologinnen kein umfassendes Paradigma an und begnügten sich mit einer theoretischen Tradition, die ein reichhaltiges Angebot an lose miteinander verbundenen Konzepten für spezifische empirische und historische Probleme bereitstellte; dies war einer der Gründe, die die weberianische Tradition so attraktiv gemacht haben – sie ist im Grunde permissiv, was die Einbeziehung fast aller Konzepte aus anderen Strömungen der Sozialtheorie angeht. Zum anderen betonten Weberianer immer die Bedeutung von Macht innerhalb sozialer Strukturen und sie haben keine Schwierigkeiten, zwischen Personen und strukturierten Positionen zu unterscheiden. Auch wenn die Ausbeutung in der weberianischen Klassenanalyse keine zentrale Rolle gespielt hat, gibt es in der Logik der weberianischen Kategorien kein grundsätzliches Hindernis für deren Einbeziehung in die Erforschung der Klassen.

Diese Einschätzung könnte den Eindruck erwecken, dass wir uns am Ende alle einfach zu Weberianern erklären sollten. Dies war einer der Vorwürfe, die Frank Parkin vor dreißig Jahren gegen meine und die Arbeit anderer Marxisten erhob: »In jedem Neomarxisten scheint ein Weberianer zu stecken, der darum kämpft, ans Licht zu kommen.«[15] Ich glaube jedoch nicht, dass diese Schlussfolgerung aus der Art von pragmatistischem Realismus folgt, für den ich hier eintrete. Der Marxismus bleibt eine besondere Tradition der Sozialwissenschaft, weil er eine besondere Problemstellung, eine besondere normative Grundlage und ein besonderes Inventar an Begriffen und Mechanismen entwickelt hat.

15 Frank Parkin, *Marxism and Class Theory: A Bourgeois Critique*, New York: Columbia University Press 1979, S. 25.

WARUM KLASSE ZÄHLT
Ein Interview mit Erik Olin Wright

Als Erik Olin Wright in den 1970er Jahren »dem Marxismus verfiel«, war dieser für einen seriösen radikalen Gelehrten eine Entscheidung ohne Alternative.

In den 1990er Jahren war dies nicht länger der Fall, denn der Marxismus zog sich innerhalb und außerhalb der Akademie an den Rand zurück. Wright blieb ihm jedoch treu. Er machte sich daran, einen soziologischen Marxismus zu rekonstruieren, indem er ihn nicht als eine Reihe feststehender Ideen oder als eine idiosynkratische Methode betrachtete, sondern als eine spezifische Reihe von Fragen und einen konzeptionellen Rahmen für deren Beantwortung.

Wrights Marxismus ist eine ganz gewöhnliche Sozialwissenschaft, die jedoch vom Streben nach Sozialismus angeleitet wird.

In seiner mehr als vierzigjährigen Arbeit hat er sich darauf konzentriert, zwei Kernbereiche der marxistischen Tradition neu zu überdenken: Klasse und Strategien für den sozialen Wandel. In seinem Buch *Understanding Class* stellt Wright seinen eigenen Ansatz zum Thema Klasse denjenigen von Thomas Piketty und Guy Standing gegenüber,[1] und das Buch *Alternatives to Capitalism*, das eine Debatte mit Robin Hahnel

1 *Understanding Class*, London, New York: Verso 2015 (A.d.Ü.).

wiedergibt, zeigt seine Überlegungen zu sozialistischen Möglichkeitshorizonten.[2]

In einem umfassenden Interview sprach Wright mit dem *Jacobin*-Redakteur Mike Beggs über zahlreiche Themen, von Weber und Marx bis hin zu Märkten und seinen Ansichten über linke Strategien.

MIKE BEGGS

Beginnen wir mit der Frage, warum Klasse zählt. David Grusky stellt die Frage ganz unverblümt und argumentiert dafür, dass Klasse im Makro-Sinne nur ein wissenschaftliches Konstrukt ist.[3] Was ist Ihre Antwort darauf?

ERIK OLIN WRIGHT

Ich stimme der Behauptung nicht zu, dass es sich um keine reale Kategorie handelt. Ich denke, die Antwort auf die Frage »Ist das eine reale Kategorie?« lautet: »Werden damit reale Mechanismen identifiziert, die kausale Effekte im Leben von Menschen haben, unabhängig davon, ob die Akteure selbst diese kausalen Effekte anerkennen oder ob rechtliche Kategorien diese Mechanismen abgrenzen?«

2 *Alternatives to Capitalism: Proposals for a Democratic Economy*, London, New York: Verso 2016, dt.: *Alternativen zum Kapitalismus. Vorschläge für eine demokratische Ökonomie*, Berlin: Bertz + Fischer 2021 (A. d. Ü.).

3 David B. Grusky, »Foundations of a Neo-Durkheimian Class Analysis«, in: Erik Olin Wright (Hg.), *Approaches to Class Analysis*, Cambridge: Cambridge University Press 2005, S. 51-81 (A. d. Ü.).

Die marxistische Behauptung ist, dass die sozialen Beziehungen innerhalb eines Produktionssystems reale Mechanismen erkennen lassen, die das Leben der Menschen formen sowie ein Konfliktfeld definieren, und dass der Kern dieser Mechanismen eine Kombination aus Ausbeutung und Herrschaft darstellt. Mit diesen beiden Begriffen werden die spezifischen Mechanismen charakterisiert, die die marxistischen Klassen als kausal relevant bestimmen.

Die Behauptung von Grusky, dass diese nicht real sind, muss also die Behauptung sein, dass Ausbeutung und Herrschaft nicht real sind, dass sie nur Hirngespinste des Analytikers sind. Und das scheint mir eine offensichtlich falsche Diagnose des Wesens kapitalistischer Gesellschaften zu sein.

Die Behauptung, dass es sich bei Ausbeutung und Herrschaft um Mechanismen handelt, ist aber nicht gleichbedeutend mit der Behauptung, dass diese Mechanismen das gesamte Spektrum der konkreten, beobachtbaren Phänomene erklären, die für Klassenanalytikerinnen von Interesse sind.

Nehmen wir das Bewusstsein der Menschen. Wie sehen die Menschen die Welt? Wie verstehen Akteurinnen ihre Lage? Erklären Herrschaft und Ausbeutung und die Verortung der Menschen in Bezug auf diese Mechanismen wirklich das Bewusstsein der Menschen?

Natürlich nicht. Es hat nie gestimmt, dass die Klasse allein das Bewusstsein erklärt. Es wird durch alle möglichen anderen Dinge geformt, nicht nur durch die besonderen Mechanismen, die unter dem Begriff der Klasse zusammengefasst werden.

Wenn es einem nur um die explanatorische Kraft der besonderen Dinge geht, die das Bewusstsein erklären, dann müsste man sagen: »Nein, die Klasse an sich ist nicht das Allerwichtigste.« Aber das ist natürlich eine extrem verengte und begrenzte Art, die Relevanz dieser Begriffe und ihre explanatorische Kraft zu verstehen.

MIKE BEGGS

Die Idee, dass Klasse zählt – oder zumindest, dass Ungleichheit eine Rolle spielt –, scheint seit der Krise, seit Occupy, seit Piketty wieder eine Mainstream-Position zu sein. Sie kritisieren einige »Common Sense«-Ansätze zur Ungleichheit, bei denen Ungleichheit unter dem Gesichtspunkt diskutiert wird, wie Menschen in Positionen sortiert werden. Was fehlt Ihrer Meinung nach bei dieser Sichtweise?

ERIK OLIN WRIGHT

Was fehlt, ist eine Erklärung dafür, warum es diese Art von Positionen gibt, in die sie einsortiert werden können, und warum die verfügbaren Positionen die Eigenschaften haben, die sie haben.

Es ist eine Sache, zu sagen, dass kulturelles Kapital, soziales Kapital und Bildungskapital einen befähigen, Manager eines multinationalen Unternehmens zu werden, die Karriereleiter hinaufzusteigen und schließlich CEO zu sein. Aber warum gibt es überhaupt CEO-Positionen, in die man befördert werden kann? Und warum erhält man dafür einen Jahresverdienst, der vierhundertmal so hoch ist wie der eines Arbeiters, und nicht einen, der zwanzigmal oder sechsmal so hoch ist wie der eines Arbeiters?

Wie erklärt man die Art der Positionen, in die die Menschen einsortiert werden?

Es gab eine Zeit, in der ein bestimmter Begriff verwendet wurde, um diese Tatsache zu beschreiben. Klassenpositionen wurden als »Leerstellen« bezeichnet, in die Menschen einsortiert werden – im Gegensatz zu der Ansicht, dass die Menschen ihre Klassenposition gewissermaßen in sich tragen, dass sie ein Attribut der Personen selbst ist.

Natürlich gibt es in einer stabilen, gut geordneten Klassenstruktur eine Verflechtung der Eigenschaften von Personen und der Eigenschaften von Positionen, aber dennoch sind die Eigenschaften von Personen und die Eigenschaften von Positionen verschieden. Worum es bei der Klassenanalyse in der marxistischen Tradition geht, ist die Untersuchung der Positionen an sich.

MIKE BEGGS

Sie weisen darauf hin, dass sowohl der marxistische als auch der weberianische Ansatz der Klasse etwas über die Struktur der Positionen selbst zu sagen haben. Aber die beiden Ansätze sind oft gegeneinander ausgespielt worden.

Für alle, die mit Weber nicht vertraut sind, gibt es etwas Interessantes zu entdecken: Lesen Sie den Anhang zu seinem Buch aus den späten 1890er Jahren, *The Agrarian Sociology of Ancient Civilizations*. Der Anhang enthält einen langen Aufsatz über den Zusammenbruch des Römischen Reiches und darüber, warum die Sklavenwirtschaft schließlich die Reproduktion der römischen Gesellschaft unterminierte.[4]

Wenn ich meinen sehr klugen Doktorandinnen diesen Aufsatz vorlegen würde und sie nicht wüssten, wer ihn geschrieben hat, und ich sagte: »Geben Sie mir eine Einschätzung der theoretischen Einbettung dieses Kapitels«, dann würden sie antworten: »Es ist eindeutig marxistisch.« Webers Sicht auf Klasse hat einen sehr marxistischen Charakter.

Weber betrachtet Klassen im Kapitalismus als systematisch durch Eigentumsrechte strukturiert. Das ist für ihn die zentrale Achse der Klassenbeziehungen: Kapitalist und Arbeiter. Diese beiden Kategorien sind das Herzstück seiner Klassenanalyse.

Der Unterschied zwischen Marx und Weber besteht darin, dass Weber die Herrschafts- und Ungleichheitssysteme vor dem Kapitalismus als statusbasiert und nicht als klassenbasiert ansieht, so dass er die Klassenanalyse

4 Max Weber, *The Agrarian Sociology of Ancient Civilizations*, London: Verso 2013, dt.: »Agrarverhältnisse im Altertum« und »Die sozialen Gründe des Untergangs der antiken Kultur«, in: Max Weber, *Gesammelte Aufsätze zur Sozial- und Wirtschaftsgeschichte*, Tübingen: Mohr 1924, S. 1-288 und S. 289-311 (A.d.Ü.).

als etwas betrachtet, das nur für den Kapitalismus gilt, und nicht als eine Möglichkeit, die großen Unterschiede in der Strukturierung von Herrschaft und Ausbeutung in verschiedenen historischen Perioden zu verstehen.

Auch bei der Analyse des Kapitalismus selbst gibt es einige wichtige Unterschiede zwischen Marx und Weber, insbesondere der, dass Weber das Problem der Ausbeutung ignoriert. Der entscheidende Unterschied zwischen diesen Traditionen besteht jedoch darin, dass die marxistische Klassenanalyse des Kapitalismus auf einer kühnen These aufbaut: dass es eine Alternative zum Kapitalismus gibt.

Der zentrale Zweck der Klassenanalyse im Marxismus ist die Klärung der Bedingungen für die Überwindung des Kapitalismus und die Schaffung einer sozialistischen Alternative. Wenn man den Sozialismus als Alternative zum Kapitalismus fallen lässt, gibt es kaum noch einen Grund, Marxist zu sein. Es gäbe immer noch einige marxistische Ideen, die nützlich sein könnten, aber der Antikapitalismus ist der entscheidende Zweck der marxistischen Klassenanalyse. Das ist bei Weber eindeutig nicht der Fall.

Der Zweck der Klassenanalyse besteht bei ihm darin, die Unterschiede innerhalb des Kapitalismus zu verstehen. Bei Webers Analyse geht es darum, wie sich Klassen in der kapitalistischen Gesellschaft konstituieren und wie verschiedene Arten von Eigentumsrechten dazu beitragen, die Klassenbeziehungen im Hinblick auf die Lebenschancen und Möglichkeiten zu strukturieren, die blockiert oder eröffnet werden.

Wenn man sich für die Spielarten des Kapitalismus interessiert und verstehen will, wie sich die Klassenstrukturen innerhalb des Kapitalismus unterscheiden, passen die weberianischen Kategorien ziemlich gut darauf. Sie bieten viele Möglichkeiten der Unterteilung auf der Grundlage der Art der Arbeitsverträge oder der Art der technischen Ausbildung der Arbeitnehmer; all dies schafft unterschiedliche Chancen auf dem Markt, und verschiedene Arten des Kapitalismus ermöglichen oder untergraben diese Chancen.

Die marxistische Klassenanalyse hilft uns also, die großen epochalen Gegensätze und die Herausforderung des Kapitalismus durch die Möglichkeit einer Alternative zu verstehen, während die weberianische Klassenanalyse uns dabei hilft, die Variationen innerhalb des Kapitalismus zu verstehen.

Der Grund, warum ich denke, dass dies miteinander vereinbar ist, liegt darin, dass Marxisten sich auch mit Variationen innerhalb des Kapitalismus befassen, und wenn sie das tun, klingen sie schon sehr weberianisch. Sie beziehen sich auf dieselbe Art von Fragen: organisierter versus unorganisierter Kapitalismus, Kapitalismus mit einer starken Arbeiterbewegung, die für gesicherte Arbeitsrechte sorgt, versus Kapitalismus mit einer unorganisierten Arbeiterbewegung und so weiter.

MIKE BEGGS

Sie haben oft gesagt, dass sich der Marxismus nicht durch eine besondere Methodologie auszeichnen sollte. Können Sie das näher erläutern?

Es ist nicht undenkbar, dass Marxisten eine neue Methodologie entdeckt haben, die tatsächlich hilft, echte kausale Mechanismen zu identifizieren, über die niemand sonst gesprochen hat. Das ist möglich. Ich meine also nicht, dass der Marxismus keine besondere Methodologie haben könnte. Aber wenn er eine neue Methodologie entdeckt hat, dann wäre das eine neue wissenschaftliche Methodologie, die jeder übernehmen sollte.

Es gibt keinen Grund, warum es eine besondere esoterische Methodologie geben sollte, die für die Analyse dieser Probleme erforderlich ist, aber nicht auch für alles andere.

Wenn also »Dialektik« etwas Kohärentes bedeutet, wenn sie nützlich ist, um die Transformationen von Systemen zu verstehen, dann ist sie nützlich im Hinblick auf alles, was irgendwie Systeme betrifft. Wenn ich versuche, Begriffe wie »Dialektik« oder »Widersprüche« zu verstehen und zu präzisieren, kann das aber nicht einfach heißen: »Zu jeder These gibt es eine Antithese, aus der eine Synthese entsteht.«

Warum sollte das der Fall sein? Warum gibt es ein Naturgesetz, dem zufolge es überall dort, wo es eine These gibt, auch eine Antithese geben muss, aus der eine Synthese entsteht? Nein. Wo es bestimmte Arten von kausalen Prozessen gibt, können sie aus Gründen, die zu erklären sind, Formen von Widerstand und Opposition auslösen, und aus diesem Konflikt entsteht eine Art neue Lösung. Wenn das ein gutes Argument ist, dann ist es ein Argument über Mechanismen. Und das wird nicht durch die Verwendung eines Ausdrucks wie »Dialektik« verdeutlicht.

Ich denke, dass alle substanziellen Thesen des Marxismus, die plausibel sind, als gewöhnliche realistische wissenschaftliche Erklärungen formuliert werden können – als kausale Prozesse. Es gibt zugrundeliegende Mechanismen, die Wirkungen erzeugen, und dann interagieren diese Mechanismen.

Mechanismen existieren nicht isoliert, sie sind nicht hermetisch abgeschlossen, sie interagieren. Und aus dieser Interaktion von kausalen Prozessen entstehen die Phänomene, die wir in der Welt beobachten. Die Komplexität besteht darin, dass all dies im Kontext des menschlichen Bewusstseins und Handelns geschieht, in dem Menschen die Welt selbst beobachten und interpretieren – das ist Teil des Prozesses. Was bedeutet also »Dialektik«?

Eine soziologische Formulierung ist das so genannte »Struktur-Handlung-Problem«. Das Struktur-Handlung-Problem ist kein obskures esoterisches Problem; es bedeutet einfach, dass Menschen in bereits bestehende soziale Welten hineingeboren werden, die ihr Handeln einschränken.

Das scheint offensichtlich zu sein – wie könnte man dem widersprechen? Es gibt keinen Soziologen, der nicht weiß, dass Babys in Welten hineingeboren werden, in denen bereits soziale Beziehungen bestehen, die sie nicht selbst geschaffen haben.

Aber die Menschen werden erwachsen, werden zu bewussten Akteuren und nehmen an Praktiken teil, die genau diese sozialen Beziehungen erzeugen. Menschen sind Akteure, die durch soziale Beziehungen eingeschränkt sind, aber ihre Handlungen beeinflussen diese Beziehungen auch. Ist das nicht genau das Struktur-Handlung-Problem?

Das ist letztlich keine große Sache. Das ist gewöhnliche Soziologie und gesunder Menschenverstand. Aber es ist doch auch eine große Sache, weil es hier um die soziale Beziehung geht, die einen bewussten, absichtlichen sozialen Wandel ermöglicht, was der Zweck einer marxistischen Analyse ist.

Um Marx zu zitieren: Es geht nicht nur darum, die Welt zu interpretieren, sondern sie zu verändern. Das wäre eine unsinnige Aussage, wenn Strategie unmöglich ist. Es muss eine menschliche Handlungsfähigkeit geben, aber es wäre auch unsinnig, wenn das Handeln nicht mit Strukturen konfrontiert wird, die transformiert werden müssen. Die Idee, dass wir die Welt verändern müssen, bedeutet, dass es eine Welt gibt, die verändert werden muss, unabhängig von unserem Willen, sie zu verändern. Das ist alles, was mit dem Struktur-Handlung-Problem gemeint ist, und ich denke, das ist es auch, was »Dialektik« bedeuten muss – ansonsten weiß ich nicht, was es bedeuten sollte.

MIKE BEGGS

Können Sie sagen, was der »Analytische Marxismus« für Sie bedeutet und ob er noch eine brauchbare Beschreibung einer lebendigen Strömung ist?

Der Begriff wurde in den frühen 1980er Jahren geprägt, um zu beschreiben, was eine Gruppe von marxistischen oder marxianischen oder marxistisch inspirierten oder krypto-marxistischen Wissenschaftlern gemeinsam hatten, die jährlich zusammenkamen, um zentrale marxistische Ideen zu diskutieren.

Die Beteiligten sind, glaube ich, ziemlich bekannt. Ich denke, die wichtigste Figur war G. A. Cohen, der kanadisch-britische Philosoph. Die anderen Personen, die am häufigsten damit in Verbindung gebracht werden, sind Robert Brenner, Adam Przeworski, John Roemer, ich selbst, dann seinerzeit Jon Elster sowie noch einige andere. Sam Bowles wurde ebenfalls Teil dieser Gruppe.

Es war eine Gruppe von Leuten, die sich mit der rigorosen, systematischen und direkten Hinterfragung zentraler marxistischer Konzepte beschäftigte. Nehmen wir den Begriff der Ausbeutung. Er war ursprünglich von Marx im Rahmen der Arbeitswerttheorie formuliert worden. Wir hatten dann eine Reihe von Debatten, die sich über viele Jahre hinzogen, wie der Begriff der Ausbeutung am besten zu denken sei. Ich entwickelte schließlich eine soziologische Darstellung der Ausbeutung, die von der Arbeitswerttheorie völlig unabhängig ist.

All dies geschah in dem Bestreben, die zugrundeliegenden Mechanismen, die diese Konzepte aufzeigten, zu präzisieren. Die Rubrizierung als »analytisch« wurde von der analytischen Philosophie abgeleitet, die, so glaube ich, lediglich eine Weise ist, über die präzise und klare Verwendung von Begriffen zu sprechen, so dass man alles auf eine Weise definiert, die deutlich macht, worüber man genau spricht.

»Analytisch« impliziert keine inhaltliche Aussage über den Gehalt von Ideen, sondern nur darüber, wie wir sie bewerten sollten. Es ist auch nicht der Fall, dass der Analytische Marxismus tatsächlich eine besondere Vorliebe für die Rational-Choice-Theorie zeigte; sie ist nur eine der Strömungen, die von Analytischen Marxisten ernst genommen wird.

Im Analytischen Marxismus geht es also um begriffliche Klarheit und Präzision in Bezug auf die Mechanismen, die im Spiel sind. Die Rational-Choice-Theorie ist gerade deshalb so elegant, weil sie so präzise und klar die Mechanismen beschreibt, die im Spiel sind, und für bestimmte Arten von Problemen bietet sie so eine sehr gute Möglichkeit, eine Reihe von Argumenten zu verankern.

Bei einigen Mitgliedern der Gruppe – insbesondere bei John Roemer – dominierte diese besondere Art der Problemstellung und Lösungssuche das Denken, aber selbst er würde keineswegs darauf bestehen, dass Rational-Choice-Modelle der einzige Weg sind, um alles zu erklären.

Der interne Name, den sich die Gruppe selbst gab, war vielleicht ein wenig arrogant: die »No-Bullshit-Marxismus-Gruppe«. Das war unser interner Witz darüber, was uns ausmachte. Und ich denke, in gewisser Weise charakterisiert es am besten, was die Aufgabe der

Gruppe war: den Marxismus von seinem Obskurantismus zu befreien und seinen robusten und vertretbaren Kern zu identifizieren.

In meinem Fall trug dies dazu bei, mein Engagement für den Marxismus als das spezifische Terrain zu identifizieren, auf dem ich meine Arbeit fortsetzen wollte. Einige andere Leute in der Gruppe überzeugte es hingegen davon, dass der Marxismus zwar ein nettes kleines Spezialgebiet ist, aber nun nicht mehr wirklich von Interesse für sie war.

Adam Przeworski und Jon Elster verließen beide die Gruppe. Sie waren der Meinung, dass sie diese spezielle Aufgabe der Untersuchung von Marx' Begriffen ausgeschöpft hatten. Es gab hier nicht mehr viel für sie zu holen, und die Fragen, an denen sie interessiert waren, würden auf einem anderen Terrain viel fruchtbarer verfolgt werden können.

MIKE BEGGS
In *A Future for Marxism?* schreibt Andrew Levine, dass sein eigener Weg – den er als ganz natürlichen betrachtet – vom althusserianischen zum Analytischen Marxismus führte.[5] Das scheint ungewöhnlich zu sein, da die französische Theorie und die analytische Philosophie oft als gegensätzliche Positionen angesehen werden. War das auch Ihr Weg, oder kamen Sie von woanders her?

5 Andrew Levine, *A Future For Marxism? Althusser, the Analytical Turn and the Revival of Socialist Theory*, London: Pluto Press 2003 (A.d.Ü.).

Die erste Arbeit, in der ich mich intensiv mit diesen Themen auseinandersetzte, handelte von Poulantzas. Ich las Althusser als Doktorand in den frühen siebziger Jahren und Poulantzas sogar noch mehr als Althusser, denn bei ihm fand ich eine viel reichhaltigere Palette an Argumenten. Ich denke, dass der Bullshit-Quotient bei Althusser immer noch ziemlich hoch war: Er schnipste gewissermaßen mit den Fingern und beschwor damit Begriffe ohne nähere Erläuterung herauf, und zwar ziemlich oft. Da musste man dann durch, um wirklich zum analytischen Kern zu kommen.

Dennoch geht es sowohl Poulantzas als auch Althusser darum, Begriffe zu spezifizieren und sie nicht einfach aus dem vorrätigen Sortiment zu nehmen, um dann mit diesen umformulierten und geklärten Begriffen ein Argument voranzutreiben.

Ich habe viel gelernt, indem ich mich an Poulantzas' Argumenten orientiert habe. Meine erste Arbeit zum Thema Klasse war eine Kritik an Poulantzas.[6] Er schlug vor, das, was gemeinhin als Mittelklasse bezeichnet wird, als neues Kleinbürgertum zu betrachten. Ich versuchte zu zeigen, warum die beteiligten Mechanismen damit meiner Meinung nach nicht richtig identifiziert wurden – warum die Kategorie »unproduktive Arbeit« keine nützliche Kategorie für das Verständnis von Klassenbeziehungen ist.

6 Erik Olin Wright, *Class, Crisis and the State*, London: New Left Books 1978 (A.d.Ü.).

Und dann schlug ich einen empirischen Test vor, damit es nicht nur bei einer Debatte über Definitionen blieb: Wir können Belege dafür finden, ob der neue Kleinbürgertumsbegriff die Klassengrenzen tatsächlich besser identifiziert als mein alternativer Begriff in Bezug auf die widersprüchlichen Positionen innerhalb der Klassenbeziehungen.

Für mich persönlich ging die Lektüre von Althusser und Poulantzas meiner Auseinandersetzung mit dem, was als Analytischer Marxismus bekannt wurde, also voraus, aber ich denke, dass meine Haltung ihnen gegenüber dennoch analytisch-marxistisch und nicht althusserianisch war.

Obwohl ich es damals nicht so formuliert hätte, denke ich, dass ich mich in einer Art und Weise mit ihnen auseinandergesetzt habe, die darin bestand, zu sagen: »Diese Begriffe sind nicht klar genug. Wir sollten versuchen, die Mechanismen zu präzisieren. Mal sehen, ob es empirische Auswirkungen gibt, die wir dann in unsere theoretischen Überlegungen einfließen lassen können.«

Dann las ich das Buch von Jerry Cohen, und das war natürlich für mich, wie für viele andere auch, eine erhellende Erfahrung.[7] Als ich es las, sagte ich zu mir: »Aha, jetzt wird mir klar, dass man es so machen sollte. So kann man Erklärungen auf den Grund gehen und ihnen einen Sinn geben, indem man weniger klar formulierte

7 G. A. Cohen, *Karl Marx's Theory of History: A Defence*, Oxford: Clarendon Press 1978 (A. d. Ü.).

Ideen kohärent macht.« Ich schrieb dann eine kritische Besprechung des Buches, die Jerry sehr gefiel, und so lud er mich ein, der »Analytischer Marxismus«-Gruppe in ihrem zweiten Jahr beizutreten.

Derjenige, der von der althusserianischen Position aus die besten Arbeiten verfasst hat – die ich als eine analytisch-marxistische Rekonstruktion von Althusser und Poulantzas betrachten würde –, ist Göran Therborn. *The Ideology of Power and the Power of Ideology* und *What Does the Ruling Class Do When It Rules?* sind meiner Meinung nach die beiden besten Bücher, die in der althusserianischen Tradition geschrieben wurden.[8] Sie sind althusserianisch in dem Sinne, dass sie die Ideen von Poulantzas und Althusser todernst nehmen, ihnen aber eine rationale, kohärente Form verleihen, die weder Poulantzas noch Althusser ihnen geben konnten. Meiner Meinung nach sind das unglaublich gute Bücher.

Diese Bücher kamen am Ende der großen Blütezeit des Marxismus in den 1970er Jahren heraus, die Anfang der 1980er Jahre endete, und keines von ihnen wurde als zentrales Gedankengut in das spätere marxistische Denken aufgenommen. Ich denke, es besteht eine gute Chance, dass sie irgendwann wiederentdeckt werden und den Stellenwert erhalten, den sie verdienen.

8 *What Does the Ruling Class Do When It Rules?*, London: Verso 1978, und *The Ideology of Power and the Power of Ideology*, London: Verso 1980 (A. d. Ü.).

MIKE BEGGS

Sie haben schon immer dazu geneigt, sich ganz ernsthaft an Diskussionen über Ihre eigene wissenschaftliche Arbeit zu beteiligen, und sind bekannt dafür, dass Sie Ihre Meinung durchaus ändern, manchmal auch hinsichtlich grundlegender Begriffe. Was ist in Ihrem Werk von Anfang an gleich geblieben, und was hat sich über die Zeit geändert?

ERIK OLIN WRIGHT

Der beständigste Gedanke ist im Grunde der marxistische Kern: Der Zweck des Bemühens um ein Verständnis der Klassenstruktur des Kapitalismus besteht darin, die Bedingungen für seine Transformation zu verstehen. Die Gründe dafür, sich auf das Wesen der kapitalistischen Ausbeutung zu konzentrieren, umfassen sowohl die normative Verpflichtung, diese Ausbeutung zu beseitigen, als auch die soziologische Verpflichtung, die Bedingungen für die Transformation des Kapitalismus oder die Überwindung des Kapitalismus hin zu einer Alternative zu verstehen.

Ich würde sagen, dass sich die antikapitalistische Analyse des Kapitalismus durch meine gesamte Arbeit zieht: die Idee, dass der Kern dessen, was den Kapitalismus zu einer schädlichen sozialen Struktur macht, seine Klassenstruktur ist. Es gibt Marxisten, die der Meinung sind, dass der eigentliche Übeltäter die Märkte sind – dass die Klassen schlecht sind, aber der eigentliche Übeltäter der Markt ist. Michael Albert und Robin Hahnel plädieren für eine Anti-Markt-Kritik des

Kapitalismus.[9] Dem kann ich nicht zustimmen. Was an Märkten verwerflich ist, ist nur dann verwerflich, wenn es überall dort, wo es Märkte gibt, letztendlich auch kapitalistische Ausbeutung und Herrschaft gibt.

Ich würde der Kritik an den Märkten zustimmen, wenn es wahr wäre, dass diese notwendigerweise kapitalistische Klassenverhältnisse erzeugen. Das ist im Wesentlichen die Ansicht von Michael Albert. Er glaubt, dass ein kleines bisschen Markt wie ein kleines bisschen Sklaverei oder ein kleines bisschen Krebs ist. Ein kleines bisschen Markt wird dich letztendlich umbringen.

Ich denke, das ist schlicht falsch. Man kann ziemlich robuste Märkte haben, in denen Kapitalkonzentrationen blockiert werden und die demokratische Kontrolle über die Verteilung der Ressourcen erhalten bleibt. Robin Hahnel und ich haben diese Fragen in unserem Buch *Alternativen zum Kapitalismus* eingehend diskutiert.[10]

MIKE BEGGS

Wie sieht eine sozialistische Wirtschaft aus? Welche Mechanismen würden Kapitalkonzentrationen verhindern?

9 Michael Albert, Robin Hahnel, *The Political Economy of Participatory Economics*, Princeton: Princeton University Press 1991 (A.d.Ü.).

10 Hahnel, Wright, *Alternativen zum Kapitalismus* (A.d.Ü.).

Zunächst einmal halte ich die Vorstellung von einer vollständig sozialistischen Wirtschaft für inkohärent. Genauso wie die Vorstellung von einer vollständig kapitalistischen Wirtschaft inkohärent ist. Jede Wirtschaft wird ein Ökosystem heterogener, qualitativ unterschiedlicher Produktions- und Verteilungsmechanismen sein. Die Frage ist: »Welche Mechanismen dominieren?«, und nicht: »Welche Mechanismen übernehmen alles?«

In jeder sozialistischen Wirtschaft wird es einen großen Sektor öffentlicher Güter geben, der direkt durch staatliche Zuweisungen bereitgestellt wird. Wenn Bildung und Gesundheitsfürsorge und viele öffentliche Naherholungsräume und eine Reihe anderer Dinge als dekommodifizierte öffentliche Güter bereitgestellt werden, könnte dies leicht 60 Prozent der Wirtschaft ausmachen. Das ist kein Marktsozialismus, das ist einfach Sozialismus. Der Markt wird allenfalls ein Teil der Wirtschaft sein.

In jeder sozialistischen Wirtschaft mit Märkten wird ein Teil dieses Marktes jedoch auch nicht sozialistisch sein. Ich sehe keinen Grund, warum man nicht kleine Restaurants haben kann, die einfach von Leuten organisiert werden, die ein kleines Restaurant betreiben wollen.

Und vielleicht müssen nicht alle Genossenschaften sein. Ich neige dazu, dafür zu plädieren, dass kleine Unternehmen Genossenschaften sein sollten – sie sollten in jedem Fall demokratisch geführt werden –, aber vielleicht stimmt das auch nicht. Vielleicht gibt es in einer Wirtschaft, die von sozialistischen Verhältnissen beherrscht wird, Raum für bestimmte Arten von nichtkooperativen gewerblichen Einzelunternehmen. Ich weiß allerdings nicht, wie die optimale Mischung der verschiedenen Formen aussehen sollte.

MIKE BEGGS

Die Angestellten in den hypothetischen privaten Restaurants hätten andere Möglichkeiten?

ERIK OLIN WRIGHT

Ganz genau. Jede erhält ein Grundeinkommen, damit jede »Nein« sagen kann. Es gibt ein umfassendes Angebot an öffentlichen Gütern, so dass ein erheblicher Teil des Konsums aller nicht marktbasiert ist. Der Lebensstandard der Menschen hängt nicht nur vom Einkommen ab, sondern darüber hinaus auch von den öffentlichen Gütern. Die Kombination aus Grundeinkommen und öffentlichen Gütern bedeutet, dass man ein anständiges Leben führen kann, ohne sich an kapitalistischen Produktionsverhältnissen zu beteiligen.

Eine marktsozialistische Wirtschaft würde alle möglichen anderen Erleichterungen für verschiedene Formen der genossenschaftlichen Produktion bieten. Ich würde erwarten, dass in einer marktsozialistischen Wirtschaft die öffentliche Förderung von Genossenschaften dem individuellen Unternehmertum vorgezogen wird. Und es gibt alle möglichen Wege, dies zu tun – zum Beispiel in Bezug auf die Art und Weise, wie man

Kreditmärkte oder wie man den öffentlichen Raum organisiert: die Schaffung von Kreativwerkstätten für die Herstellung von Spitzentechnologie in kleinem Maßstab und dergleichen.

Wie verhindert man die Konzentration von Vermögen? Es gibt bereits Vorschriften, die – angeblich, aber nicht wirksam – Monopole verhindern. Um Vermögenskonzentrationen zu verhindern, braucht man Regeln, die der privaten Akkumulation klare Grenzen setzen. Unternehmen, die eine bestimmte Anzahl von Mitarbeitern überschreiten, müssten sich zu Genossenschaften zusammenschließen, und wenn sie das nicht wollen, ist das in Ordnung – dann können sie einfach klein bleiben. Es gibt schließlich keinen Zwang, groß zu werden.

Der Wettbewerb zwingt die Unternehmen nicht dazu, größer zu werden, es sei denn, es gibt Größenvorteile, richtig? Wenn es keine Größenvorteile gibt, gibt es überhaupt keinen Grund, warum die Unternehmen wachsen müssen, um konkurrenzfähig zu sein. Ihr Wettbewerbsvorteil wird nicht größer, wenn sie größer sind.

Ich denke, dass die Größenvorteile in vielen Produktionsbereichen rapide abnehmen, was die Reproduktion von kleinen, hochproduktiven Unternehmen ermöglicht. Das ist das Rezept für eine kooperative Marktwirtschaft.

MIKE BEGGS

Diese Art von Vision ist bei der strammen Linken sehr umstritten, oder? Das Vorhandensein von Märkten wird einige Sozialisten vor den Kopf stoßen, und einige lehnen allein schon die Idee ab, »Rezepte für einen Gemischtwarenladen der Zukunft« zu erarbeiten.

ERIK OLIN WRIGHT

Hier möchte ich eine kurze terminologische Erläuterung einfügen, wenn ich darf. Es geht um den Ausdruck »stramme Linke«. Ich würde sagen, dass die Märkte von der *rigiden* Linken abgelehnt werden. »Stramm« impliziert, dass sie irgendwie linker *sind*; aber linker bedeutet nicht engstirniger. Es bedeutet, dass man sich stärker für eine nachhaltige demokratische und egalitäre, emanzipatorische Alternative einsetzt. Ich halte mich für sehr weit links. Genau deshalb will ich institutionelle Heterogenität als Ziel – ich glaube, das ist unsere beste Chance. Ich finde nicht, dass es angebracht ist, zu sagen, dass ich dadurch weniger links stehe.

Ich denke, das Grundprinzip des Sozialismus ist die Demokratie in allen Bereichen, aber man kann nicht im Voraus entscheiden, wie das Ergebnis der demokratischen Beratungen aussehen soll. Das müssen die Menschen herausfinden, die sich im demokratischen Kampf engagieren, denn wir wissen nicht, wie die konkreten Umstände sein werden.

Ich würde prophezeien, dass eine zutiefst demokratische Gesellschaft Raum für Märkte schaffen wird, weil die Menschen darin eine kostengünstige Lösung für ein komplexes Problem sehen werden. Angesichts der unvermeidlichen Kompromisse ist es besser, einen vernünftigen Spielraum für Märkte zu haben, als zu versuchen, alles zu planen.

Aber das ist eine Vorhersage, was die demokratischen Entscheidungsträger zustande bringen werden, und kein Rezept dafür, was sie tun sollten. Wenn Sie zugestehen, dass es Kompromisse geben muss, dann wird es naturgemäß Unklarheiten geben, wenn es darum geht, herauszufinden, welche Rolle die Märkte in einer postkapitalistischen Wirtschaft spielen sollen.

Die Herausforderung, vor die ich Hahnel gestellt habe (der glaubt, dass die Wirtschaft demokratisch geplant werden sollte, ohne dass Märkte eine Rolle spielen) und auf die er, glaube ich, keine Antwort hatte, ist folgende: »Ja, wenn Sie glauben, dass keine Kompromisse nötig sind, dass es kein Problem mit ›zu vielen Abstimmungstreffen‹ gibt, dass es keine anderen unvorhergesehenen Konsequenzen gibt, wenn man versucht, die Menschen dazu zu bringen, ihr Konsumpaket für das nächste Jahr im Voraus zu planen – was Teil ihres Plans ist –, dann könnten die Märkte vielleicht abgeschafft werden.« Ich bin skeptisch. Aber wenn Sie zugestehen, dass es Kompromisse geben muss, dann können Sie nicht im Voraus entscheiden, wie die Mischung aussieht.

MIKE BEGGS

Ihr neues Buch vereint die beiden Hauptstränge Ihrer Arbeiten – das Verständnis von Klasse in einer kapitalistischen Gesellschaft und die Erforschung von »Realen Utopien« als einer Form sozialistischer Strategie.

ERIK OLIN WRIGHT
Der ursprüngliche Titel lautete *Challenging and Maybe Transcending Capitalism Through Real Utopias*. Aber der neue Titel, das, worüber ich eigentlich spreche, lautet *How to Be an Anticapitalist in the 21st Century*.[11]

MIKE BEGGS
Dann sagen Sie uns, wie das geht.

ERIK OLIN WRIGHT
Hier ist die kurze, pointierte Version. Es gibt vier Möglichkeiten, antikapitalistisch zu sein: den Kapitalismus zerschlagen, den Kapitalismus zähmen, dem Kapitalismus entkommen oder den Kapitalismus aushöhlen.

Die Zerschlagung des Kapitalismus war die Vision des revolutionären Kommunismus des 19. und 20. Jahrhunderts. Das Szenario ist den meisten Menschen vertraut: Man organisiert eine politische Bewegung, wobei eine politische Partei die Standardform ist. Unter bestimmten historischen Umständen ist diese politische Bewegung in der Lage, die Staatsmacht zu übernehmen. Das kann durch Wahlen geschehen – das ist nicht von vornherein ausgeschlossen – oder durch einen gewaltsamen Aufstand.

11 *How to Be an Anticapitalist in the 21st Century*, London: Verso 2019, dt.: *Linker Antikapitalismus im 21. Jahrhundert*, Hamburg: VSA 2019 (A.d.Ü.).

Unabhängig davon, wie man die Staatsmacht ergreift, besteht die erste Aufgabe darin, den Staat selbst umzugestalten, um ihn zu einem geeigneten Instrument der Transformation zu machen, und die zweite Aufgabe besteht darin, die Machtzentren der bestehenden Gesellschaftsstruktur zu zerschlagen.

So können Sie den langen Prozess des Aufbaus der Alternative in Gang setzen. Man kann sich die Strategie der Zerschlagung des Kapitalismus als »erst zerschlagen, dann aufbauen« vorstellen. Das war das revolutionäre Ideal des 20. Jahrhunderts.

Ich denke, die Ergebnisse dieser Experimente sind ziemlich eindeutig: Der Kapitalismus – zumindest in seinen komplexen Formen – ist nicht die Art von Gesellschaftsordnung, die zerschlagen werden kann. Die letzte Zeile der Wobbly-Hymne »Solidarity Forever« lautet: »We can bring to birth a new world from the ashes of the old« (»Wir können eine neue Welt aus der Asche der alten entstehen lassen«). Die revolutionären Bewegungen des 20. Jahrhunderts haben gezeigt, dass es möglich ist, eine neue Welt aus der Asche der alten entstehen zu lassen – es ist nur nicht die Welt, die irgendjemand wollte.

Natürlich haben die Russische und die Chinesische Revolution etwas bewirkt, aber sie schufen keine Welt der demokratischen, egalitären Selbstermächtigung der einfachen Menschen, die in der Lage sind, ihr eigenes Schicksal zu gestalten. Das ist nicht das, was diese Revolutionen hervorgebracht haben.

Ob das nur an den historisch ungünstigen Umständen lag, unter denen diese Revolutionen stattfanden, oder ob dies eine immanente Folge der Strategie des Zerschlagens, des Niederbrennens, des Versuchs, auf der Asche aufzubauen, ist – darüber lässt sich streiten.

Ich würde darauf wetten, dass die chaotischen Kräfte, die bei der Zerschlagungsstrategie freigesetzt werden, so unübersichtlich und gefährlich sind, dass sie zu repressiven Reaktionen führen, um die Bedingungen der sozialen Integration wiederherzustellen. Soziale Ordnung und Sicherheit sind ein so dringendes Bedürfnis, dass sie in der neuen postrevolutionären Gesellschaft Formen der Herrschaft schaffen, die dann nur sehr schwer und vielleicht gar nicht mehr zu beseitigen sind.

Wir haben jedenfalls keine Belege dafür, dass man ein emanzipatorisches, egalitäres, demokratisches und partizipatorisches Umfeld schaffen kann, in dem sich die Menschen entfalten können, wenn man die alte Struktur zerschlägt. Ich denke, dass die Zerschlagung in komplexen Gesellschaften nicht mehr auf der historischen Agenda steht.

Ein demokratischer Übergang ist meiner Meinung nach möglich. Dafür werde ich auch plädieren. Das Problem ist, dass der Moment des Umbruchs selbst unter demokratischen Bedingungen sehr chaotische Prozesse auslösen wird. Das war zum Beispiel das Problem von Syriza in Griechenland. Wenn sie den Euro aufgegeben hätten, wären sie in ein wirtschaftliches Chaos gestürzt. Dann stellt sich aber die Frage, ob sie zu diesem Zeitpunkt unter demokratischen Bedingungen einen Bruch mit dem Kapitalismus hätten vollziehen können.

Was wäre bei der nächsten Wahl passiert? Die Situation wäre hundsmiserabel gewesen. Bei der nächsten Wahl hätten einige Parteien gesagt: »Wählt uns, und wir werden Griechenland wieder in den Euro bringen.« Und was wäre dann passiert? Die europäischen Banker hätten gesagt: »Ja, ja, wählt diese Leute und wir werden euch helfen.« Dann hätten sie die Subventionen bekommen. Es gibt keine Chance, die Anzahl der Wahlen zu überleben, die unter demokratischen Bedingungen notwendig sind, um die Talsohle des Übergangs, den Rückgang des Lebensstandards und der materiellen Lebensbedingungen zu durchschreiten.

In einer komplexen Gesellschaft, in der es so viele gegenseitige Abhängigkeiten gibt, ist das Ausmaß des Leids, das durch den Versuch eines Bruchs ausgelöst wird, unter demokratischen Bedingungen nicht tragbar. Unter nichtdemokratischen Bedingungen besteht das Problem darin, dass autoritäre Übergänge nicht zu demokratischen und partizipatorischen Zielen führen. Ich bin zwar nicht bereit dazu, ganz formell eine Art Unmöglichkeitstheorem zu verkünden; das wäre zu hoch gegriffen, es gibt zu viele Unwägbarkeiten. Meine Intuition ist jedoch, dass eine systemische Umwälzung des Kapitalismus unmöglich ist.

Die anderen Optionen sind Zähmung, Flucht oder Aushöhlung. Zähmung ist die sozialdemokratische Lösung. Man erobert immer noch den Staat. Man bekommt die Staatsmacht im formalen Sinne. Aber man hat keine *gesellschaftliche* Macht, weil der Kapitalismus immer noch sehr stark ist. Das Kapital kontrolliert die Investitionsmittel.

Sie haben staatliche Macht im Sinne der Regierung. Sie haben politische Macht. Hinter dieser politischen Macht steht eine ausreichende Mobilisierung, um mit dem Kapital einen Deal auszuhandeln, bei dem man ihm Beschränkungen auferlegt, die für die Arbeiter von Vorteil sind, aber es muss eine Gegenleistung für die Einbeziehung der Arbeiter in einem kapitalistischen Projekt geben. Es ist ein Klassenkompromiss.

Die Zähmung des Kapitalismus zielt darauf ab, die schlimmsten Schäden, die der Kapitalismus verursacht, zu reduzieren und zu neutralisieren – Risiken für den Einzelnen, Defizite bei öffentlichen Gütern, negative Externalitäten. Man mildert diese Schäden, lässt den Kapitalismus aber intakt und bekämpft nur die Symptome. Die Zähmung des Kapitalismus funktioniert ziemlich gut. Zumindest hat es eine Zeit lang funktioniert. In letzter Zeit hat sie ein wenig gelitten.

Der neoliberalen Ideologie zufolge sind die sozialdemokratischen Lösungen dauerhaft vom Tisch, doch das ist nur eine Selbstrechtfertigung privilegierter Eliten. Selbst in einer relativ offenen, globalisierten, finanzialisierten Welt gibt es keinen Grund zu glauben (abgesehen von der politischen Macht der Kräfte des Neoliberalismus), dass die Zähmungsmechanismen nicht wiederhergestellt werden können. Sie sind nur noch nicht wiederhergestellt worden.

Eine Möglichkeit ist, dass die globalen Krisen des

Klimawandels dem Neoliberalismus den Garaus machen werden, weil der Markt das Anpassungsproblem nicht lösen kann, geschweige denn das Problem der Eindämmung. Die gigantischen öffentlichen Vorhaben, die erforderlich sind, um allein mit den Störfällen des Klimawandels fertig zu werden, werden einen Möglichkeitsraum für eine neue Runde des sich betätigenden und bestätigenden Staates eröffnen, der öffentliche Güter und Güter der sozialen Gerechtigkeit bereitstellt, um die nachteiligen Auswirkungen der globalen Erwärmung zu mildern.

Auf jeden Fall ist das eine Zähmung des Kapitalismus. Gewiss ist das heute sicherlich kein Vergleich zu vor dreißig, vierzig Jahren, aber immer noch Teil der Speisekarte des Antikapitalismus.

Die Flucht aus dem Kapitalismus ist die individualistischere Lösung. Die Hippies haben ihr in den 1960er und 1970er Jahren gefrönt. Die Pioniere des Zugs nach Westen in den Vereinigten Staaten flohen vor dem Kapitalismus. Das war ihr zentraler Impuls: nach Westen zu ziehen, um sich aus den Fängen der Banken und Grundbesitzer zu befreien. Die Bewegung für ein freiwilliges einfaches Leben oder die Anti-Konsum-Bewegung sind eine Art Flucht vor dem Kapitalismus – Menschen, die sich einschränken wollen, um ein ausgewogeneres Leben zu führen.

Die Flucht vor dem Kapitalismus ist eine interessante Form des Antikapitalismus. Sie hat für sich genommen nur sehr wenig transformatives Potenzial. Sie kann aber in einigen Bereichen nützliche Experimente und Modelle für Dinge liefern, die dann unter veränderten Bedingungen verallgemeinert werden könnten.

Die Aushöhlung des Kapitalismus ist am wenigsten bekannt. Sie entspricht, denke ich, eher bestimmten anarchistischen Tendenzen. Proudhon kann als ein früher Aushöhler betrachtet werden. Seine Ansicht war: »Man schafft Arbeitergenossenschaften. Sie werden eine attraktive Lebensform sein. Die Arbeiter werden in Scharen zu ihnen strömen. Der Kapitalismus wird zusammenbrechen, weil er niemanden mehr zum Arbeiten findet.«

Das ist eine einfältige Vorstellung davon, wie Arbeitergenossenschaften überleben und mit Kapitalisten konkurrieren könnten. Marx hielt dies in seiner berühmten Debatte mit Proudhon für lächerlich und tat es ebenso wie utopische sozialistische Projekte als sinnlose kleine Experimente ab. Schlimmer noch als sinnlos – ein Ablenkungsmanöver.

Später stand Marx den Arbeitergenossenschaften und anderen Formen von Genossenschaften allerdings ziemlich positiv gegenüber und war der Meinung, dass sie ein greifbarer Beweis dafür sind, dass die Arbeiter die Produktion tatsächlich beherrschen können, und dass das Problem mit ihnen als Strategie darin besteht, dass sie nicht toleriert werden würden. Wenn sie jemals eine Bedrohung für das Kapital darstellten, würden sie einfach zerschlagen werden.

Es gibt heute viele Beispiele für Wirtschaftsinitiativen, die unter die Rubrik »Aushöhlung des Kapitalismus« fallen. Das Landreformprojekt der brasilianischen Landlosenbewegung, Landbesetzungen, andere neue Formen der gemeinschaftlichen und landwirtschaftlichen Produktion, Arbeiterkooperativen und viele weitere Formen von Genossenschaften. Wikipedia vernichtete den dreihundert Jahre alten kapitalistischen Markt für Enzyklopädien innerhalb eines Jahrzehnts. Es ist viel produktiver als jedes kapitalistische Modell, ebenso wie Linux und andere Open-Source-Software. So sieht eine Aushöhlung des Kapitalismus aus.

Ich würde behaupten, dass die Aushöhlung des Kapitalismus als Strategie zur Überwindung des Kapitalismus äußerst attraktiv und zugleich völlig abwegig ist. Sie ist verlockend, weil man selbst in einem wirklich feindlichen Umfeld etwas tun kann. Und ich glaube, Aktivisten versuchen immer, verzweifelt herauszufinden: »Was kann ich tun?« Meine Studierenden fragen mich ständig: »Was kann ich tun? Ich möchte etwas Konstruktives tun.«

Die Aushöhlung des Kapitalismus schafft Alternativen, und sie alle machen das Leben besser. Sie sind definitiv Beispiele für bessere Lebensweisen. Sie mögen effektiv sein, aber ist es wahrscheinlich, dass der kumulative Effekt von Gemeinschaftsgärten, Arbeitergenossenschaften, Wikipedia und dergleichen tatsächlich die Möglichkeit des Kapitalismus untergräbt und ihn in eine Alternative überführt? Das scheint mir ziemlich weit hergeholt.

Ich halte es nicht für plausibel, dass die anarchistische Strategie – einfach damit weiterzumachen, die Welt, die man will, in der Welt, die es gibt, zu schaffen – die

Welt als Ganzes verändern kann. Aber ich denke, wenn die Aushöhlung mit neuen Denkweisen über die Zähmung des Kapitalismus kombiniert wird, dann könnte es möglich sein, eine langfristige politische Strategie zu entwickeln, die das Beste der progressiven Seite der Sozialdemokratie mit den konstruktivsten Versionen des anarchistischen Gemeinschaftsaktivismus und der Bottom-up-Kreativität kombiniert.

Das bedeutet, Anarchismus und Sozialdemokratie in einem Paar zu vereinen, in dem man den Kapitalismus aushöhlt, um ihn zähmbarer zu machen, und in dem man den Kapitalismus zähmt, um ihn aushöhlbarer zu machen. Man überbrückt diese politische Kluft, indem man die Vision der Zerschlagung des Kapitalismus wegen ihrer Unmöglichkeit und die Flucht aus ihm wegen ihres Narzissmus ablehnt.

Ich denke, dass diese Paarung nicht einfach ist. Das ist kein gerader Weg. Es ist nicht so, dass man, sobald man die Formel hat, einfach loslegen kann und alles sich von selbst erledigt. Nein, der Weg wird mit Widersprüchen gepflastert sein. Das liegt in der Natur des Prozesses: Die Art und Weise, wie man den Kapitalismus zähmt, besteht darin, mit dem Kapital Geschäfte zu machen. Diese Geschäfte sind von Natur aus unbeständig. Sie hängen vom Gleichgewicht der Kräfte ab.

Aber was ist die Alternative? Es geht ja nicht darum, dass ich vorhersage: »Wenn ihr das tut, werden wir gewinnen.« Ich sage nur, dass ich keine andere Strategie sehe, die den Kapitalismus überwinden könnte.

MIKE BEGGS

Manche werden sagen: »Das ist Bernsteins evolutionärer Sozialismus, nur ohne die Evolution und ohne die Gewissheit, dass es passieren wird.«

ERIK OLIN WRIGHT

Das stimmt nicht, denn Bernstein legte keinen Wert auf die Mobilisierung von unten nach oben, um in den Räumen der Gesellschaft Alternativen aufzubauen. Seine Strategie war der parlamentarische Sozialismus.

MIKE BEGGS

Wie sehen Sie dann die Rolle der parlamentarischen Politik und die von Wahlen? Sicherlich ist das ein wesentlicher Teil der zähmenden Seite dieser Strategie.

ERIK OLIN WRIGHT

Eine Falle der parlamentarischen Demokratie ist der Glaube, dass sie an der Spitze stehen muss. Ich denke, dass ein sehr wichtiger Bereich die Kommunen sind – Politik auf lokaler Ebene – und der Aufbau nationaler Bewegungen auf Basis von lokalen Mobilisierungen.

MIKE BEGGS

In den USA sind die Kommunalverwaltungen besonders stark und haben besonders viele Verantwortlichkeiten, während die nationale Politik unzugänglich und ziemlich stark gegen jede Art von linker Strategie abgeschottet ist. Es könnte also davon abhängen, in welchem politischen Umfeld man sich bewegt.

ERIK OLIN WRIGHT

In einigen politischen Systemen gibt es keinen Raum auf lokaler Ebene. Die Städte in den zentralistischsten kapitalistischen Demokratien sind beispielsweise eher Verwaltungseinheiten der nationalen Regierungen als autonome Orte des politischen Kampfes. Es könnte sein, dass in manchen Kontexten der Kampf für mehr kommunale Autonomie Teil des politischen Projekts ist, das nötig ist, um mehr Raum zu schaffen.

Ich denke, dass der Staat eine sehr wichtige Rolle spielen wird, und die Vorstellung, dass man ihn in erster Linie als außenstehende Akteure, die Unruhe stiften, beeinflussen kann, um ihn damit zu etwas zu zwingen, ist absurd. Das hat als langfristige Strategie noch nie funktioniert.

Sicher, wenn man genug Ärger und Störungen verursacht, kann man den Staat dazu bringen, etwas zu tun, aber sobald die Mobilisierung nachlässt, werden die Erfolge wieder zunichtegemacht. Eine Strategie, die sich ausschließlich auf Druck von außen und Störung konzentriert, ist nicht robust. Der einzige Weg zu einem nachhaltigen Wandel besteht darin, die Spielregeln zu ändern, und das erfordert politische Parteien, die in der Lage sind, die Macht anzufechten und die Spielregeln so zu ändern.

MIKE BEGGS

Und dennoch ist es in den USA strategisch sehr schwierig, sich entweder bei den Demokraten zu engagieren oder eine dritte Partei auf den Weg zu bringen.

Das ist ein Grund, warum niedrigere Regierungsebenen effektiver sind. Ein kontinentaler Staat wie die Vereinigten Staaten ist ein unhandliches Beispiel. Es ist sicherlich nicht überall auf der Welt so, dass die Parteien für soziale Bewegungen unzugänglich sind.

Aber selbst in der Demokratischen Partei in den Vereinigten Staaten hat der linke Flügel echte Vorschläge, die diesen Dingen gegenüber wirklich aufgeschlossen sind. Es ist nicht so, dass die Partei homogen neoliberal ist. Ein sehr großer Teil der demokratischen Wählerschaft und eine nicht unerhebliche Zahl der gewählten Politiker sind für höhere Steuern, mehr öffentliche Güter, mehr Regulierung, mehr Umweltinitiativen und für einen Wiederaufbau der Arbeiterbewegung, um die Macht des Volkes zu stärken.

All dies steht auf der Tagesordnung der öffentlichen Debatten, wenn auch nicht der sofortigen Maßnahmen. Aus allen möglichen Gründen wurde diese Agenda in dem Sinne an den Rand gedrängt, dass sie bislang nicht in Politik umgesetzt werden konnte, aber das muss nicht auf Dauer so sein.

Im amerikanischen Kontext denke ich, dass dies innerhalb der Demokratischen Partei ausgefochten werden muss. Ich glaube nicht, dass die Idee einer dritten Partei erfolgversprechend ist. Ich denke, die Aufgabe besteht darin, den progressiven Flügel der Demokratischen Partei durchsetzungsfähiger zu machen und Wege zu finden, die Wählerschaft zu mobilisieren, um ihm Glaubwürdigkeit bei den Wahlen zu verleihen.

Das ist schwer zu erreichen. Das System ist gezinkt. Aber ich sehe trotzdem keine Alternative. Wenn man sagt: »Okay, weil er so unzugänglich ist, geben wir den Staat einfach auf«, dann bedeutet das, dass man sich in die aushöhlende Ecke meiner vierfachen Strategie zurückzieht, ohne sich an der Zähmungskomponente zu versuchen. Verändern Sie die Welt, ohne die Macht zu ergreifen oder sie auch nur anzufechten – so wie Holloway vorschlägt.[12]

Nun, vielleicht ist das möglich. Ich behaupte nicht, zu wissen, dass man den Kapitalismus nicht aushöhlen kann, indem man einfach von unten nach oben Alternativen aufbaut. Ich bin nur skeptisch, dass der Raum für diese Alternativen sicher genug sein wird.

MIKE BEGGS

Und dennoch stehen Sie vielen dieser Projekte recht positiv gegenüber, oder?

ERIK OLIN WRIGHT

Ja, absolut. Ich stehe ihnen allen positiv gegenüber, weil sie alle Beispiele sind, die eine emanzipatorische Alternative vorwegnehmen. Die Aufgabe besteht darin, diese präfigurativen Beispiele zu verallgemeinern.

Nun gibt es noch einen weiteren Teil dieser Gleichung, eine Art neuer Teilnehmer im Spiel. Dies ist eine

12 John Holloway, *Change the World Without Taking Power: The Meaning of Revolution Today*, London: Pluto Press 2002 (A. d. Ü.).

ganz klassische marxistische Idee: Die neuen Produktionskräfte, mit denen wir gerade in das 21. Jahrhundert eintreten, werden, so meine Vorhersage, die bestehenden Formen des Kapitalismus in hohem Maße stören, wie wir in einigen Sektoren bereits gesehen haben. Und das könnte radikal neue Möglichkeiten eröffnen.

Das Beispiel, das ich oft anführe – weil es so schön ist –, ist Wikipedia, das einen dreihundert Jahre alten Markt für Enzyklopädien zerstört hat. Es ist nicht mehr möglich, eine kommerziell rentable, universelle Enzyklopädie zu produzieren, die irgendwer kaufen würde. Wikipedia wird auf völlig nichtkapitalistische Weise von ein paar hunderttausend freien, unbezahlten Redakteuren auf der ganzen Welt erstellt, die einen Beitrag zum globalen Gemeinschaftseigentum leisten und es für jeden frei zugänglich machen. Und dann gibt es noch eine Art Gabenökonomie, die die notwendigen infrastrukturellen Ressourcen bereitstellt.

Wikipedia hat viele Probleme, aber es ist ein außergewöhnliches Beispiel für Kooperation und Zusammenarbeit in sehr großem Maßstab, das sehr produktiv ist. Ich denke, es ist ein Vorbote einer sehr disruptiven Phase für den Kapitalismus.

Das Problem hängt hier mit dem Problem der Größenvorteile zusammen. Wenn man über Technologien verfügt, die nur sehr begrenzte Größenvorteile bieten, so dass sich die Stückkosten für die Produktion kleiner Mengen nicht von denen für die Produktion großer Mengen unterscheiden, dann ist es für Kapitalisten viel schwieriger, die Produktionsmittel zu monopolisieren. Das Monopol hängt in erheblichem Maße von der Tatsache ab, dass man große Mengen an Kapital benötigt, um etwas wettbewerbsfähig zu produzieren.

3D-Drucker sind ein Beispiel dafür. Ich glaube, wir sind noch nicht so weit, also gehen wir einfach zehn, fünfzehn, zwanzig Jahre in die Zukunft. Stellen Sie sich vor, 3D-Drucker könnten 3D-Drucker drucken. Dann haben wir eine sich selbst replizierende Maschine. Eine selbstreplizierende Maschine, die eine Allzweckmaschine ist und eine breite Palette von Gütern herstellen kann, würde die Möglichkeit der Monopolisierung der Produktionsmittel völlig untergraben, es sei denn, es würden ganz neue Mechanismen der kapitalistischen Monopolisierung eingeführt.

Es gibt natürlich einige Dinge, die nicht mit einem 3D-Drucker hergestellt werden können. Grundstücke werden nicht von 3D-Druckern hergestellt, und auch der Raum, in dem Sie Ihren 3D-Drucker aufstellen, wird es nicht sein. Viele der in 3D-Druckern verwendeten Ausgangsstoffe – Harze und andere Arten von Rohstoffen – werden nicht von 3D-Druckern selbst hergestellt. Einige dieser Rohstoffe müssen aus dem Boden geholt und verarbeitet werden. Es ist also möglich, dass sich das kapitalistische Monopol auf die Produktionsmittel zurück in den Bereich der natürlichen Ressourcen verlagern wird.

MIKE BEGGS

Es handelt sich also nicht um ein Post-Knappheits-Argument. Es geht um die Transformation der Beziehungen durch die Produktivkräfte.

ERIK OLIN WRIGHT

Genau. Das ist klassischer Marxismus mit dem sich verschärfenden Widerspruch zwischen den Produktionsverhältnissen und den Produktivkräften.

Hier ist der Punkt: die zunehmende Irrationalität eines auf Privateigentum basierenden Produktionssystems, wenn die Produktionsmittel nicht mehr monopolisiert werden können. Jeder kann seine Produktionsmittel haben, aber er kann sie nicht richtig nutzen, weil die natürlichen Ressourcen durch Privateigentum monopolisiert sind.

Der eklatante Charakter des Widerspruchs zwischen den Produktivkräften und den Produktionsverhältnissen in diesem Zusammenhang macht es ziemlich einfach, für die Notwendigkeit einer Umgestaltung der Eigentumsverhältnisse zu argumentieren, die den richtigen Einsatz der Produktivkräfte behindern.

Wenn es nur um Land und natürliche Ressourcen geht, die auf diese egoistische, selbstherrliche Weise monopolisiert werden, ist das ein einfacheres Problem, als wenn es sich um komplexe Warenketten und große kapitalintensive Produktionskomplexe handelt.

Diese neuen Produktivkräfte werden – wenn meine Vorhersagen zutreffen – die Voraussetzungen für ein anderes Umfeld des politischen Kampfes schaffen.

MIKE BEGGS
Und auch das geistige Eigentum.

ERIK OLIN WRIGHT
Und geistiges Eigentum, richtig. All diese Entwicklungen bedeuten, dass der Kapitalismus meiner Meinung nach in Zukunft aushöhlbarer sein wird als in der Vergangenheit, weil es einfacher sein wird, die Lücken mit alternativen Produktionsformen zu füllen. Aber er wird nur dann aushöhlbarer sein, wenn er auch besser zähmbar ist, weil es notwendig ist, die ungezügelte Eskalation der geistigen Eigentumsrechte und der Eigentumsrechte an Land und dergleichen zu zähmen.

Die ökologische Krise könnte auch hierfür einen Ansatzpunkt bieten. Die Frage, wer den Zugang zu natürlichen Ressourcen kontrolliert und regelt, wird im Zusammenhang mit den globalen Umweltproblemen ebenfalls auf der Tagesordnung stehen.

Um meinen Hauptpunkt noch einmal zu wiederholen: Reale Utopien werden lebensfähig, wenn sie diese beiden Strategien, die Zähmung und die Aushöhlung des Kapitalismus, miteinander verbinden. Deshalb unterscheiden sie sich vom altmodischen Bernstein'schen evolutionären Sozialismus. Die Rolle des Staates in einem solchen Transformationsprojekt besteht darin, die Räume zu verteidigen und zu erweitern, in denen Alternativen von unten aufgebaut werden können, und nicht darin, der zentrale Akteur bei der Befriedigung von Bedürfnissen zu sein.

DER HATTE KLASSE
ÜBER ERIK OLIN WRIGHT
Von Oliver Nachtwey

> Reicher Mann und armer Mann
> standen da und sah'n sich an.
> Und der Arme sagte bleich:
> Wär' ich nicht arm, wärst Du
> nicht reich.
>
> Bertolt Brecht

Armut und Reichtum, Lebenschancen und Risiken, Macht und Ohnmacht, Prestige und Verachtung – es gibt sie überall. Auch moderne, wohlhabende Gesellschaften sind zutiefst ungerecht und heute ungleicher als noch vor 30 Jahren. Privilegien und Benachteiligungen, Zugang zu vorteilhaften Ressourcen, Gütern und Positionen – all diese Faktoren wirken sich auf die Lebensbedingungen der Menschen aus. Sie sind jedoch nicht zufällig verteilt, sondern weisen ein systematisches Muster auf. Das ist der Kern dessen, was man eine Klassengesellschaft nennt. Und diese wiederum ist das Herzstück der globalen Ungleichheiten, die in den letzten 30 Jahren – bei zugleich wachsendem Wohlstand – gestiegen und nicht gesunken sind.[1] Gleichwohl spre-

1 Vgl. dazu etwa Thomas Piketty, *Das Kapital im 21. Jahrhundert*, München 2014; Branko Milanović, *Die ungleiche Welt. Migration,*

chen wir in der Regel nur von sozialer Ungleichheit oder Spaltung, dem einen Prozent und den 99 Prozent, und eher selten von Klassen und Klassengesellschaft. Dass der Elefant im Raum so selten benannt wird, hat viele Gründe, aber vor allem auch ideologische: Nennt man die Klassengesellschaft eine solche, dann wird unmittelbar klar, dass die moderne Gesellschaft nicht so fortschrittlich ist, wie sie sich gerne sieht, dass soziale Aufwärtsmobilität immer noch auf Grenzen stößt und Abstiege wieder zugenommen haben.

Die Existenz einer Klassengesellschaft galt in Deutschland seit Mitte des 20. Jahrhunderts als Phantasma linker Soziologen, die an ihren überkommenen Vorstellungen gesellschaftlicher Ungleichheit festhalten wollten. Die berühmtesten soziologischen Totenreden auf die Klassengesellschaft hielten Helmut Schelsky (1965) und Ulrich Beck (1986).[2] Sie waren der Überzeugung, dass durch die Modernisierung der Sozialstruktur in der zweiten Hälfte des 20. Jahrhunderts, durch die Verbesserung der Lebensbedingungen der Arbeiterinnen und Arbeiter, durch ihren teilweise erfolgten kollektiven Aufstieg Klassenverhältnisse nicht nur weniger sichtbar waren, sondern gar der Vergangenheit angehörten. Es gab aus der Sicht von Schelsky

das eine Prozent und die Zukunft der Mittelschicht, Berlin 2016; Mike Savage, *The Return of Inequality: Social Change and the Weight of the Past*, Cambridge MA 2021.

2 Vgl. Helmut Schelsky, *Auf der Suche nach Wirklichkeit. Gesammelte Aufsätze*, Düsseldorf 1965; Ulrich Beck, *Risikogesellschaft. Auf dem Weg in eine andere Moderne*, Frankfurt a. M. 1986.

und Beck zwar noch Ungleichheiten, aber für diese betrachteten sie den Klassenbegriff als nicht mehr zeitgemäß, denn schließlich seien auch die proletarischen Lebensstile verschwunden. Soziale Klassen sind allerdings nicht allein eine Frage von Lebensführung und sozialer Lage, und sie verschwinden ganz sicher nicht, indem man einfach den Begriff verabschiedet. Die Klassengesellschaft hat nur ihre Form geändert, nicht ihre grundsätzliche, kapitalistische Struktur. Klassen gibt es, solange das Eigentum an den Produktionsmitteln in der Hand weniger konzentriert bleibt und solange es Herrschaft in und durch Arbeit gibt. In Deutschland war es paradoxerweise ein Liberaler, Ralf Dahrendorf, der soziale Klassen ganz selbstverständlich als notwendigen immanenten Teil moderner kapitalistischer Gesellschaften betrachtete.[3] In der Soziologie sprach man generell lieber von Schichten, Milieus und Lebensstilen.

Erst in den letzten 15 Jahren hat sich in Deutschland mit den wieder zunehmenden oder neuen Ungleichheiten, dem Wachstum der Niedriglohnunterklasse und der Herausbildung neuer Fraktionen der Mittelklasse, eine neue Debatte über die Klassengesellschaft herausgebildet. Erik Olin Wright, dem 2019 verstorbenen US-amerikanischen Soziologen, hätte diese Debatte

3 Für Dahrendorf war allerdings als Nicht-Marxist vor allem die Herrschaftsdimension zentral, die Marx'sche Eigentumsdimension lehnte er ab. Vgl. Ralf Dahrendorf, *Soziale Klassen und Klassenkonflikt in der industriellen Gesellschaft*, Erlangen 1957. Auch später kam Dahrendorf immer wieder auf den Klassenbegriff zurück.

wahrscheinlich gefallen. Sie hätte bei ihm jedoch auch ein Schulterzucken ausgelöst: Denn für ihn war – wie für Ralf Dahrendorf – die Klassengesellschaft nie weg. Den Großteil seiner akademischen Karriere hat sich Wright mit der empirischen, quantitativen Klassenanalyse beschäftigt, die in mehreren Ländern in großangelegte Untersuchungen mündete. International bekannt wurde er durch die ihm eigene Kombination aus großer »empirischer Raffinesse, analytische[r] Strenge und theoretische[r] Innovation«, wie es sein langjähriger Freund, marxistischer Weggefährte und intellektueller Sparringspartner Michael Burawoy zusammenfasste.[4]

Erik Olin Wright war einer der herausragenden Vertreter der amerikanischen neuen Linken, ein 68er, der bis zum Ende seines Lebens ein Sozialist geblieben ist. Dadurch war Wright politisch zwar ein Außenseiter – was unter anderem verhinderte, dass er einen Ruf an die Harvard University erhielt. Wissenschaftlich wurde er jedoch einer der herausragenden Persönlichkeiten sowohl der Soziologie als auch des internationalen akademischen Marxismus. Schon mit Ende zwanzig veröffentlichte er seinen ersten Aufsatz in der *New Left Review*, mit gerade dreißig in der *American Sociological Review*. Kaum jemand hat eine solche

4 Michael Burawoy, »A Tale of Two Marxisms: Remembering Erik Olin Wright (1947-2019)«, in: *Politics & Society* 48/4 (2020), S. 467-494, hier S. 473. (Alle Zitate aus dem Englischen in diesem Text sind, sofern nicht anders angegeben, Übersetzungen von O. N.)

Spannbreite zwischen Politik und Profession in seinen Veröffentlichungen erreicht. Präsident der American Sociological Association (2010-2011) wird man gerade als Marxist nicht ohne enorme fachliche Anerkennung, aber Wright zeichnete darüber hinaus auch eine außergewöhnliche Freundlichkeit und Kollegialität aus.

Marxist werden

Geboren wurde Erik Olin Wright 1947 in Berkeley in Kalifornien – einem jener legendären Orte, die später zu den Zentren der amerikanischen 68er-Revolte werden sollten. Er verbrachte eine behütete Kindheit und Jugend in Kansas, in einer linksliberalen und akademisch geprägten Familie. Seine Eltern waren beide Psychologie-Professor:innen. Bereits mit zehn Jahren stand Eriks Berufswunsch fest: Professor.

In Wrights Familie stand die Politik nicht an erster Stelle, aber man beschäftigte sich intensiv mit moralischen Fragen und setzte sich für die Bürgerrechtsbewegung ein. Mit 16 Jahren nahm Wright am Marsch auf Washington teil und hörte Martin Luther Kings »I have a dream«-Rede. In den 1960er Jahren nahm er, wie so viele andere seiner Generation, an den Protesten gegen den Vietnamkrieg teil. Der mütterliche Teil seiner Familie, der in New York lebte, war teilweise kommunistisch geprägt; die Diskussionen mit seinen Cousins über den amerikanischen Kapitalismus trugen nicht unerheblich dazu bei, dass er ein typischer amerikanischer *radical* wurde – allerdings ohne Sympathien für realsozialistische Gesellschaftssysteme. Er blieb zeitlebens ein demokratischer Sozialist. Für kurze Zeit war er auch ein *militant*, aber er sah schnell ein, dass ihm das Akademische näherstand als der Aktivismus.

Seine ersten akademischen Studien unternahm Wright, während er noch zur Highschool ging. Er entwickelte ein Survey zu den Einstellungen von Kindern hinsichtlich der amerikanischen Präsidentschaft. Den Fragebogen verteilte er an mehrere hundert Schulkinder. Gecodet wurden die Fragebögen damals noch per Hand – Wright veranstaltete dazu eine Art Hackathon, eine Party, zu der er seine Freunde einlud, um die Ergebnisse der Fragebögen für die statistischen Analysen aufzubereiten. Der grundlegende Ansatz seiner späteren quantitativen Forschung war in diesem Projekt bereits angelegt. Bis er zum berühmten marxistischen Klassensoziologen wurde, dauert es jedoch noch ein Weilchen.

Nach zwei Bachelor-Abschlüssen in Harvard und Oxford promovierte Wright 1976 in Berkeley, seiner Geburtsstadt und dem Zentrum der amerikanischen Gegenkultur. Nach seinem PhD wurde er direkt als Professor an die University of Wisconsin berufen, an der er dann sein ganzes Berufsleben verbringen sollte. Sein akademischer Ruf reichte damals schon so weit, dass er sich nicht mal richtig bewerben musste – was für heutige Akademiker:innen, die in den schier endlosen Schleifen der Prekarität hängen, wie ein Märchen klingen muss.

In Oxford hatte er Seminare von Steven Lukes besucht, in denen er mit dem damals neu entfachten Feuer marxistischer Theorieproduktion in ihrer ganzen Breite in Kontakt kam. In Berkeley nahm er an einem kirchlichen Projekt teil, das sich um die Gefangenen im für seine Brutalität und Überfüllung berüchtigten Gefängnis San Quentin kümmerte. Johnny Cash hatte dort legendäre Konzerte für die Gefangenen gegeben, um auf die Haftbedingungen aufmerksam zu machen. Wrights Engagement fiel in die Hochzeit der Black Panther Party, im Gefängnis traf er daher auch auf viele stark politisierte afroamerikanische Aktivisten, mit denen er mehr als 150 Interviews führte. Im 1973 veröffentlichten Buch *The Politics of Punishment: A Critical Analysis of Prisons in America*, das neben theoretischen Überlegungen auch empirische Analysen enthielt, kamen die Gefangenen nicht nur selbst zu Wort, sie schrieben ganze Kapitel. Für Wright war das Buch eine Schlüsselerfahrung: Es verband wissenschaftliche Strenge, populäre Zugänglichkeit und politische Anliegen.[5]

Warum wurde er schließlich Marxist, obwohl es das akademische Leben nicht einfacher macht und der Druck des Konformismus enorm dagegen spricht? Wright wurde zwar kein marxistischer Aktivist oder gar Parteigänger, aber dennoch entschied er sich für den Marxismus sowohl als wissenschaftliche als auch als politische Theorie. Selbst wenn er einräumte, dass er

5 Erik Olin Wright, *The Politics of Punishment: A Critical Analysis of Prisons in America*, New York 1973.

manche seiner Analysen auch in einer anderen, stärker im soziologischen Mainstream angesiedelten Theorie hätte formulieren können (wie es viele seiner Kolleg:innen taten), so war der Marxismus für ihn nicht nur die analytisch gehaltvollere Theorie, sondern gleichzeitig auch eine moralisch-kritische Inspirationsquelle und Ausdruck der »Solidarität mit Kämpfen gegen Kapitalismus, Klassenungleichheit und Unterdrückung«.[6] Deshalb blieb seine Peer Group nicht allein die wissenschaftliche Community, sondern er gab ebenso viel auf das Urteil derjenigen Menschen, über die er schrieb.

Marxistische Metamorphosen

Bereits während seiner Promotion Anfang der 1970er Jahre entwickelte Wright den Hauptgedanken seines zentralen Beitrages zur Klassentheorie: die Analyse der Mittelklasse als *widersprüchliche Klassenlagen*. Was heute vielen als selbstverständlich erscheinen könnte, war in den 1970er Jahren alles andere als klar. Wrights Ansinnen war ein doppeltes: Einerseits wandte er sich gegen die soziologischen Ansätze, die sich vom Klassenbegriff verabschieden, um die Ungleichheiten in modernen kapitalistischen Gesellschaften zu beschreiben. Die im 20. Jahrhundert entstandenen Schichtungs-

6 Erik Olin Wright, »Falling into Marxism, Choosing to Stay«, in: Alan Sica, Stephen Turner (Hg.), *The Disobedient Generation: Social Theorists in the 1960s*, Chicago 2006, S. 325-349, hier S. 335.

bzw. Stratifikationstheorien betrachteten gesellschaftliche Ungleichheiten im Wesentlichen in einer *graduellen* Perspektive. Einige hatten mehr, andere weniger – vor allem auf Grund von Bildung und Beruf. In diesem Ansatz verschwand die *strukturelle* Beziehung zwischen denen, die sich oben in der gesellschaftlichen Hierarchie befinden, und denjenigen, die unten sind. Es wird kein Zusammenhang unterstellt, sondern es ist in erster Linie ein deskriptiver Ansatz. Schichtungsanalysen untersuchen vor allem, welche jeweils individuellen Eigenschaften Personen in gesellschaftliche Positionen einsortieren. Marxistische Analysen hingegen interessieren sich für die Funktion dieser Positionen und dafür, welche Rolle sie in der Struktur der Ungleichheit spielen.

Andererseits ging es Wright um die Erneuerung der marxistischen Theorie. Diese hatte gleich mit mehreren Problemen zu kämpfen. Für Marx standen Klassenverhältnisse im Zentrum seiner Theorie, die er bereits 1848 im *Manifest der Kommunistischen Partei* schwungvoll und voll historischen Optimismus formuliert hatte. Allerdings musste sein Freund Friedrich Engels »Hier bricht das Ms. [Manuskript, O. N.] ab« an der Stelle des dritten Bandes von *Das Kapital* vermerken, wo Marx sich systematisch mit der Frage der Klassen beschäftigen wollte.[7] Marx hatte in seinen politischen Schriften, insbesondere in »Klassenkämpfe in Frankreich« und in »Der 18. Brumaire des Louis Bonaparte«, zwar auch

7 Karl Marx, *Das Kapital. Kritik der politischen Ökonomie*, Dritter Band, Buch III, MEW 25, Hamburg 1894, S. 893.

heterogene Klassenformierungen und die Rolle von Mittelklassen berücksichtigt,[8] der historische Kern seiner Theorie war jedoch ein antagonistisches Zwei-Klassen-Modell. Noch im 19. und frühen 20. Jahrhundert war die Existenz von sozialen Klassen eine weitgehend unumstrittene Tatsache. Max Weber schrieb ganz selbstverständlich über Klassen, auch wenn er sie anders bestimmte und sich deutlich skeptischer gegenüber ihrer kollektiven Handlungsfähigkeit als Marx zeigte.

Das Problem für den Marxismus lag nun zur Zeit von Wrights Promotion in der veränderten Wirklichkeit und einem veränderten Kapitalismus. Die Arbeiter:innenklasse war im expandierenden Kapitalismus nicht verschwunden, in Europa und den USA zeigte sie sich in den 1970ern auch wieder von ihrer militanten Seite: Große Streiks erschütterten die Wirtschaft und das öffentliche Leben. Aber die proletarische Klassenexistenz hatte sich in mehrfacher Hinsicht verändert. Kapitalistisches Wachstum und erfolgreiche gewerkschaftliche Kämpfe hatten die Lebensbedingungen der Arbeiter:innen nicht nur verbessert, sondern auch die Mittelklasse wachsen lassen.

Viele orthodoxe Marxisten betrachteten den Aufstieg der Mittelklassen schlicht als Illusion. Sie hielten es für eine ideologische Verblendung, denn auch die aufgestiegenen Lohnarbeiter:innen blieben Teil des Prole-

8 Vgl. hierzu Florian Butollo, Oliver Nachtwey, »Politische Theorie und Soziologie im Handgemenge (Einführung der Herausgeber)«, in: dies. (Hg.), *Karl Marx, Kritik des Kapitalismus. Schriften zu Philosophie, Ökonomie, Politik und Soziologie,* Berlin 2018, S. 501-505.

tariats. Das war, man kann es nicht anders sagen, eine scholastische Position, die den Marxismus, der doch eine Wirklichkeitswissenschaft sein wollte, selbst zu einer Ideologie machte. Andere wollten in den neuen Gruppen der Mittelschicht eine neue eigene Klasse sehen – wahlweise als neue Mittel- oder Dienstleistungsklasse oder als Klasse der Manager bezeichnet. Wright wurde schließlich dadurch bekannt, dass er eine adäquatere und realistischere Perspektive entwickelte. Er analysierte Manager, Vorgesetzte, kleine Arbeitgeber und Angestellte mit einem hohen Grad an Autonomie nun als widersprüchliche Klassenlagen, die in sich sowohl Merkmale der benachbarten übergeordneten wie auch der untergeordneten Klassen aufwiesen. Führende Angestellte würden beispielsweise als Lohnempfänger:innen Merkmale der Arbeiter:innenklasse aufweisen, aber in ihrer Leitungsposition ebenso Herrschaft im Produktionsprozess ausüben. Für Wright waren die Mittelklassen mit ihren widersprüchlichen Klassenlagen keine eigene historische Kraft, sondern immer Teil von sich jeweils zusammensetzenden Klassenallianzen.[9] Zwar tendieren sie im Regelfall zu einem Bündnis mit den Kapitalisten, da sie dann von der Ausbeutung profitieren können, aber es besteht auch immer die Möglichkeit zu einer Allianz mit der Arbeiter:innenklasse, da die Mittelklasse selbst schließlich entweder lohn-

9 Vgl. hierzu Erik Olin Wright, »Wo liegt die Mitte der Mittelklasse?«, in: *PROKLA. Zeitschrift für kritische Sozialwissenschaft*, 15/58 (1985), S. 35-62.

oder marktabhängig ist. Besonders in Phasen, wo die Mittelklasse Erfahrungen der Dequalifizierung, des Abstiegs oder der Entwertung macht, ist sie offen für andere Bündnisse. Diese Bündnisse müssen aber nicht zwangsläufig mit Bewegungen der sozialen Gerechtigkeit stattfinden, sondern können auch im Wohlstandschauvinismus münden.

Wright verlegte sich – anders als die meisten (oder sogar fast alle) seiner marxistischen Kollegen – bewusst auf die quantitative Forschung. Das hatte zum Teil etwas damit zu tun, dass die empirische Soziologie über soziale Ungleichheit zu dieser Zeit nicht nur von Schichtungsanalysen dominiert wurde, sondern auch annahm, die gesellschaftlichen Ungleichheiten seien legitim. Wright wollte hingegen zeigen, dass sie auf systematischer Ausbeutung beruhten. So sonnig und herzlich er im Umgang war, in seinen Ambitionen war er keineswegs bescheiden:

> Ursprünglich hatte ich Visionen von glorreichen paradigmatischen Schlachten mit gezückten Lanzen und dem tapferen marxistischen Ritter, der den bürgerlichen Rivalen in einem dramatischen quantitativen Duell besiegt. Darüber hinaus hatte ich die Fantasie, dass der Besiegte seine Niederlage eingesteht und daraufhin das Pferd wechselt. (7)[10]

10 Seitenzahlen in Klammern im Text beziehen sich auf den vorliegenden Band. Wright zitiert sich hier selbst nach Erik Olin Wright, »Reflections on Classes«, in: *Berkeley Journal of Sociology* 32 (1987), S. 19-49.

In den nächsten Jahren führte er mehrere große und international vergleichende quantitative Projekte zur Klassenstruktur und zum Klassenbewusstsein durch. Die Projekte erhielten zwar recht große Aufmerksamkeit, resultierten aber nicht in dem von Wright ersehnten Sieg in der Schlacht um die Paradigmen. Da der Marxismus sich politisch und wissenschaftlich in der Krise befand, war selbst ein brillanter empirisch arbeitender Marxist kein schlagkräftiger epistemischer Gegner. Das heißt nicht, dass Wright in der Soziologie nicht wahrgenommen wurde, aber der Marxismus spielte keine bedeutende Rolle mehr. Er wurde eingereiht in die neuen klassensoziologischen Forschungen, die in den 1970er Jahren entstanden. Sein Einfluss bestand am Ende darin, dass bestimmte klassenspezifische Variablen ihren Weg in die allgemeine Forschung fanden – der finale Paradigmenkampf blieb aus. Die marxistische Perspektive wurde so weit in die Mainstream-Forschung integriert, dass vom Marxismus nichts mehr übrig blieb. Das war frustrierend.[11] International setzte sich gegenüber der umfassenden marxistischen Perspektive von Wright eine weberianische Perspektive in der Klassenanalyse durch: das Klassenschema von Robert Erikson und John Goldthorpe,[12] die dezidiert auf die Marx'sche Ausbeutungsperspektive und

11 Vgl. Wright, »Reflections on Classes«.

12 Robert Erikson, John H. Goldthorpe, *The Constant Flux: A Study of Class Mobility in Industrial Societies*, Oxford 1992.

antagonistische Interessen verzichteten, die Arbeitsplatzhierarchie vor allem als Unterschiede in der Verantwortung, aber nicht im Sinne von Herrschaft betrachteten – und die vor allem Klassenbewusstsein nur rudimentär erfassten. Klassen waren im Grunde hier Berufsklassen, die anhand von Marktchancen und dem Typus von Arbeitsverträgen bestimmt werden.

Wrights Klassentheorie unterlag mehreren Metamorphosen. Betonte er zu Anfang in seinen Untersuchungen noch den Aspekt von Herrschaft, setzte er ihn später voraus. Vor allem korrigierte er seinen Begriff der Ausbeutung. Wright gehörte zu einer Gruppe von Wissenschaftlern (es waren alles Männer), die am Programm eines analytischen Marxismus arbeiteten. Dieser verzichtete auf einen holistischen Ansatz, der die Totalität der Gesellschaft als zentrale Kategorie der Analysen setzt – typischerweise in der Kritischen Theorie der Frankfurter Schule. Die Analysen des analytischen Marxismus sollten in ihrer Rational-Choice-Mikrofundierung kommensurabel mit den Einheiten etwa der neoklassischen Wirtschaftswissenschaften und der variablenzentrierten Soziologie sein. Wright konzipierte in diesem Sinne seinen Ansatz der Ausbeutung neu, der nun nur noch sehr lose mit der Marx'schen Theorie der Ausbeutung durch Mehrwertaneignung verbunden war. Ausbeutung sah er nun überall gegeben, wo die einen mehr Einkommen erzielten, weil die anderen weniger verdienten. Hierfür bezog er sich auf die spieltheoretische Rekonstruktion von Ausbeutung des Ökonomen

John Roemer.[13] Seine häretische, aber elegante Perspektive rekonstruiert Ausbeutung über unterschiedliche Ausstattungen mit Ressourcen, z.B. Kontrolle über Produktionsmittel oder Organisationen oder Besitz von Vermögen, die schließlich Menschen befähigen, von den Tätigkeiten anderer unmittelbar zu profitieren und sich diese Tätigkeiten anzueignen. Das entscheidende Prinzip der Ausbeutung blieb auch in der spieltheoretischen Rekonstruktion bestehen: die relationale Kausalität. Wrights Ausbeutungsbegriff hat den Vorteil, dass er polyzentrisch ist: Er kann verschiedene Mechanismen und Dimensionen beobachten (und ließe sich hier auch erweitern). Gleichwohl steht der klassische Gegensatz zwischen Arbeit und Kapital nicht mehr im Zentrum der Analyse.[14]

Einer der empirischen Kulminationspunkte seiner Arbeit über Klassen und seiner immer wieder vorgenommenen Reflexionen über die angemessene Konzeptualisierung von Klasse ist der Band *Class Counts*.[15] Es ist wohl die theoretisch und empirisch ambitionierteste Arbeit, die die marxistische Klassenanalyse im 20. Jahrhundert hervorgebracht hat. Wright analysiert nicht nur Klassendynamik und Klassenbewusstsein mehrerer Länder, sondern berücksichtigt umfassend auch

13 John Roemer, *A General Theory of Exploitation and Class*, Cambridge MA 1982.

14 Claus Offe, »Bemerkungen zur spieltheoretischen Neufassung des Klassenbegriffs bei Wright und Elster«, in: *PROKLA. Zeitschrift für kritische Sozialwissenschaft*, 15/58 (1985), S. 83-88.

15 Erik Olin Wright, *Class Counts: Comparative Studies in Class Analysis*, Cambridge MA 1997.

Geschlechteraspekte. Er konnte nicht nur zeigen, dass sich Geschlechterunterschiede erheblich auf den Grad der Ausbeutung auswirken, sondern auch, dass Männer ihre Klassenidentität stärker über den Beruf bilden, Frauen eher über den Haushalt.

Klasse verstehen

Der hier erstmals in deutscher Übersetzung vorliegende Text »Klasse verstehen« stellt so etwas wie das Opus minimum von Wrights jahrzehntelanger Beschäftigung mit der Klassenanalyse und theoretischer Entwicklung dar. Es handelt sich um ein integratives Modell der Klassenanalyse, in dem Wright unterschiedliche theoretische Ansätze – und die damit verbundenen Mechanismen der Klassenreproduktion – in Beziehung zueinander setzt. Hatte er, wie erwähnt, früher davon geträumt, die Überlegenheit einer marxistischen Soziologie zu belegen, ist er nun deutlich zurückhaltender, versöhnlicher oder, wie Michael Burawoy es genannt hat, »ökumenischer«.[16] Wright selbst spricht von einem »pragmatistischen Realismus« (9).

Der erste von Wright vorgestellte Ansatz geht von den individuellen Attributen aus – etwa Geschlecht, Alter, Ethnie, Religion, Bildung und Herkunft.[17] Viele

16 Burawoy, »A Tale of Two Marxisms: Remembering Erik Olin Wright (1947-2019)«, S. 474.

17 Obwohl er der Klassenposition eine herausragende Rolle für die soziale Hierarchie einräumte, war er nie ein Klassenreduktio-

dieser Eigenschaften werden sozial vererbt oder zugeschrieben, andere werden im Laufe des Lebens erworben. All diese Faktoren zielen auf die Chancen von Menschen in einer Marktgesellschaft: Chancen auf Einkommen, gute Wohnungen oder Gesundheitsschutz. Hängen die Attribute von Individuen, ihre Chancen und Lebensbedingungen systematisch zusammen, dann kann man von Klassen sprechen. Während die individuellen Attribute die Chancen einer Person bestimmen, eine (berufliche) Position auf dem Markt zu erlangen, zielt der zweite von Wright dargestellte Ansatz darauf, andere von diesen Positionen auszuschließen. Wright spricht diesbezüglich von »Chancenhortung« (17-21).[18] Zur Chancenhortung gehören typischerweise Bildungstitel oder Zertifikate, die andere von der Ausübung eines Berufes ausschließen (als Ärztin muss man studiert haben und als Taxifahrer braucht man einen Führerschein). Als Ausschlüsse betrachtet Wright aber auch rassistische Regeln wie etwa Hautfarbe als Auswahlkriterium bei Einstellungen, die es bis in die

nist. Fragen von Race und Gender spielten von Beginn an eine elementare Rolle für seine Analysen. z. B. Erik Olin Wright, »Race, Class, and Income Inequality«, in: *American Journal of Sociology* 83/6 (1978), S. 1368-1397; Erik Olin Wright, Janeen Baxter, Gunn Elisabeth Birkelund, »The Gender Gap in Workplace Authority: A Cross-National Study«, in: *American Sociological Review* 60/3 (1995), S. 407-435.

18 Wright sieht diese Perspektive vor allem als weberianische Perspektive. Genau genommen ist aber die erste Perspektive auch eine weberianische Perspektive, da dieser in seiner Diskussion der Erwerbsklassen vor allem auf die Marktchance fokussiert. Vgl. Max Weber, *Wirtschaft und Gesellschaft*, Tübingen 1980 (1921).

1960er Jahre noch in den USA gab, oder geschlechtsspezifische Einstellungskriterien. Der wichtigste Ausschlussmechanismus, der allerdings etwas anders funktioniert als Zertifikate und Diskriminierung, ist jedoch das kapitalistische Privateigentum. Das Privateigentum ist die entscheidende Quelle von kapitalistischer Macht, denn der Arbeitgeber bestimmt über den Zugang oder Nichtzugang zu Arbeit.

An das Privateigentum an Produktionsmitteln schließt nun auch der dritte Ansatz im Hinblick auf Klasse an: »Ausbeutung und Herrschaft« (22-28). Ausbeutung, so Wright, ist hierbei nicht nur moralisch, sondern auch analytisch der wichtigste Begriff. Er ist allerdings auch der bis heute umstrittenste. Wright bemerkt zu Recht: »Die meisten Soziologinnen ignorieren diese Mechanismen, wenn sie über Klasse sprechen, und einige leugnen ausdrücklich ihre Relevanz.« (22–23) Beide Begriffe beziehen sich auf die Art und Weise, das Leben anderer Menschen zu dominieren. Dabei ist Herrschaft der allgemeinere Begriff, bei dem es um die Fähigkeit der Kontrolle von Tätigkeiten anderer geht. Diese Kontrolle stellt sich ein, indem man anderen durch Macht den eigenen Willen aufzwingt oder indem man die freiwillige Unterordnung und Folgebereitschaft erwirkt. Die freiwillige Herrschaftsakzeptanz ist sogar der Regelfall. Denn Arbeiter:innen sind, wie Marx es nannte, *doppelt frei*: Sie sind freie Rechtssubjekte, aber auch frei von Besitz an Produktionsmitteln. Sie müssen deshalb arbeiten und sich anpassen, schließlich haben die Produktionsmittelbesitzer die Macht, sie von der Arbeit auszuschließen. Deshalb ist Ausbeutung möglich. Ausbeutung zielt auf die Frage der Aneignung der (Arbeits-)Leistung anderer, um *dadurch* systematisch Vorteile zu erlangen.[19] Diese dritte Perspektive auf Klasse ist aus der Sicht von Wright die analytisch bedeutendste, weil sie vollständig relational ist. Nicht relationale Klassenbegriffe wie der der individuellen Attribute oder die meisten Schichtkonzepte analysieren die sozialen Positionen von Personen anhand ihrer zugeschriebenen oder erworbenen Eigenschaften. Ein relationaler Klassenbegriff analysiert hingegen die Beziehung der Begünstigten und benachteiligten Personen, zwischen ausbeuten und ausgebeutet werden, herrschen und beherrscht werden. Er zielt auf den Kern einer Analyse struktureller Ungleichheit, bei der einige davon profitieren, dass andere benachteiligt werden. Wright benennt in seinem integrierten Ansatz damit nicht nur Mechanismen, durch die Menschen gesellschaftliche Positionen erlangen können oder daran gehindert werden, sondern er bezieht sich auch auf den Gegensatz von Arbeit und Kapital, die grundlegende gesellschaftliche Spaltung und die daraus resultierenden Interessengegensätze.

Wrights integratives Modell läuft schlussendlich auf drei kombinierte Erklärungsdimensionen hinaus: die

19 Wrights Modell ist hier nur noch sehr lose mit dem Marx'schen Ausbeutungsbegriff verbunden. Weil aber Ausbeutung zwischen formal freien und gleichen Individuen geschieht, die Äquivalentes tauschen (Arbeit gegen Lohn), bleibt sie ein häufig auftretendes Phänomen.

Frage nach dem Niveau des individuellen Wohlstands, die Erklärung von Verteilungskonflikten und schließlich die Konflikte um die Produktion. Indem er die genannten Ansätze zusammenführt und ihre kausalen Mechanismen in Beziehung setzt, kann er Klassenlagen inklusive ihrer widersprüchlichen Positionen *und* Klassengegensätze in einem einzigen theoretischen Modell erklären.

Seine Unterscheidung der drei analytischen Perspektiven ist idealtypisch und geht weit über die Zuordnung zu einzelnen Autoren oder Traditionen hinaus. Wrights Ansatz nimmt jedoch andere Klassentheorien implizit auf – etwa Pierre Bourdieus Ansatz, Klasse durch den Habitus der Individuen zu bestimmen. Das durch soziale Herkunft in der Familie erworbene typische Verhalten sowie der Kulturgeschmack, die Positionierung im sozialen Raum aufgrund kulturellen (d. h. vor allem Bildung), sozialen (d. h. Kontakte und Netzwerke) und ökonomischen Kapitals (die materielle Ressourcenausstattung) werden bei Wright durch die individuellen Attribute und die Chancenhortung aufgenommen. Bedenkt man, dass Wright zu Beginn seiner akademischen Laufbahn ein marxistisches Modell entwickeln wollte, das eine Alternative zu den zahlreichen weberianischen Klassenmodellen darstellt, so zeigt sich nun, dass er Webers Ansatz in sein Modell eingepasst hat. Webers Klassenbegriff beruht vor allem auf der »Chance der Marktverwertung«[20] für die Individuen innerhalb von

20 Weber, *Wirtschaft und Gesellschaft*, S. 17.

Erwerbsklassen und der positiven und negativen Privilegierung von »Besitzklassen«. In Wrights Perspektive haben wir es hier mit Konzepten von individuellen Attributen und Chancenhortung zu tun. Ausbeutung spielte für Weber zwar keine Rolle, Herrschaft dafür aber umso mehr, sodass in Wrights Modell an verschiedenen Stellen auch weberianische Einsichten integriert wurden. Am Ende stellt sich so Wrights Ansatz als eine große Verdichtungs- und Syntheseleistung heterogener Perspektiven dar, die »Klasse verstehen« selbst zum kanonischen Text werden lässt.

Die Zukunft der Klassentheorie

Die Debatte um die Relevanz der Klassengesellschaft ist nicht zuletzt durch die kultursoziologischen Analysen von Andreas Reckwitz in den deutschen Sprachraum zurückgekehrt.[21] Reckwitz diagnostiziert den Aufstieg einer nunmehr sozial, kulturell und politisch »hegemonialen« neuen Mittelklasse im Gegensatz zum kulturellen und sozialen Abstieg der alten Mittelklasse. Eine Dynamik, die auf sozialstruktureller Ebene bereits die empirischen Untersuchungen von Wright bestimmt hat, wenngleich er die kulturelle Dimension nicht in den Blick nahm. Will man sich heute theoretisch und empirisch mit dem Wandel von Klassenstrukturen be-

21 Andreas Reckwitz, *Das Ende der Illusionen: Politik, Ökonomie und Kultur in der Spätmoderne*, Berlin 2019.

schäftigen, ist Wrights Ansatz wohl der ambitionierteste, umfassendste und nuancierteste. Nicht zuletzt deshalb kommen die zeitgenössischen Studien zur Klassenbildung nur selten ohne eine Auseinandersetzung mit seinem Werk aus – selbst bei den Perspektiven, die nicht im Zentrum seiner Forschung standen, wie der Bedeutung von Vermögen für die Klassenbildung.[22]

Auch in der kritischen amerikanischen Soziologie, in der es in den letzten Jahren ein kleines Revival von marxistischen und vor allem Klassenperspektiven gegeben hat, ist Wright der theoretische wie auch der analytische Anker – und vor allem Quelle der Inspiration.[23] Es gibt in der marxistischen Welt kaum jemanden, vor dem sich – zu Recht – derart viele verneigen (der bärtige Mann aus Trier steht allerdings gewiss noch ein gutes Stückchen über ihm).

Der in diesem Band abgedruckte Text von Wright ist eine Art Abschluss seines langjährigen Forscherlebens, im günstigsten Fall aber auch eine Art Neubeginn. Die Klassentheorie der Zukunft wird um Wright nicht herumkommen. Allerdings wird sie die polyzentrischen Perspektiven der Ausbeutung bei Wright noch stärker ausweiten müssen. Auch sein Ansatz bleibt noch zu stark arbeits- und produktionszentriert. Zwar sind

22 Nora Waitkus, »Ungleicher Besitz. Perspektiven einer klassensoziologischen Untersuchung von Vermögen«, in: *Berliner Journal für Soziologie* (2023), S. 1-37.

23 Insbesondere: Michael A. Maccarthy, Mathieu Hikaru Desan, »The Problem of Class Abstractionism«, in: *Sociological Theory*, 41/1 (2023), S. 3-26; Vivek Chibber, *The Class Matrix: Social Theory after the Cultural Turn*, Cambridge MA 2022.

die Wohnverhältnisse im Prinzip in seinem Ansatz enthalten, nehmen aber gemessen an der Bedeutung für Klassenstrukturierungen einen zu geringen Stellenwert ein. Insbesondere die reproduktive Sphäre – d. h. die Frage, wie nicht nur die geschlechtliche Arbeitsteilung, sondern die gesellschaftliche Organisation von Care-Arbeit und sozialer Reproduktion die Klassenlagen bestimmt – bleibt bei ihm eine Lücke, die künftige Generationen von Klassensoziolog:innen füllen müssen.[24]

Erik Olin Wright in heutiger Perspektive

Wright war auf eine bemerkenswerte Art und Weise ehrlich. Dass er sich trotz seiner vielfältigen theoretischen Interessen (unter anderem der Staatstheorie, in der er ebenfalls sehr einschlägig war) den quantitativen Analysen verschrieb, hatte sowohl eine politisch-epistemische als auch eine eigennützige Dimension. Er verstand sich als Marxist und wollte mit seinen Ansätzen eine empirische Lücke im Marxismus füllen, da viele Marxisten variablenzentrierte Ansätze unter eine Art Positivismusverdacht stellten. In den Variablen, so befürchteten sie, würden die gesellschaftliche Komplexität und Totalität zwangsläufig auf eine Reihe von Codierungen reduziert, die letztlich Herrschaft und

24 Vgl. zu diesen Fragen z. B. Tithi Bhattacharya, *Social Reproduction Theory: Remapping Class, Recentering Oppression*, London 2017; Nancy Fraser, *Der Allesfresser. Wie der Kapitalismus seine Ressourcen verschlingt*, Berlin 2023.

Ideologie in gesellschaftslose Parameter reduziere. Dieser Argwohn hatte im Marxismus dazu geführt, sich vor allem auf theoretische, makrosoziologische oder sozialphilosophische Analysen zu kaprizieren. Wright wollte dieses Manko beheben und dabei auch gleich noch den bürgerlichen Kolleg:innen zeigen, dass er als Marxist es besser, eleganter und systematischer konnte. Neben dieser Keckheit machte er aber auch kein Geheimnis daraus, dass ihm solch ein Weg gute Karrierechancen bieten würde. Eine Karriere hat er gemacht – und was für eine. Aber er litt auch unter dem enormen Peer Pressure und dem Erfordernis der Anerkennung der Fachkolleg:innen, die, wenn man einer nonkonformistischen Theorie anhängt, die Art und Weise der Forschung verändern können. Im Laufe seiner Untersuchungen wurde ihm klar, dass an den marxistischen Vorbehalten gegenüber den variablenorientierten Ansätzen doch auch was dran war. Zwischenzeitlich haderte er mit dem enormen empirischen Aufwand, den er betrieb. Immer wieder hatte er mit den Operationalisierungen und Kategorien analytisch zu kämpfen. Es gab Phänomene, die er theoretisch wie empirisch nie vollständig in den Griff bekam – die widersprüchlichen Klassenlagen blieben soziologisch ein vertracktes Ding. Immer wieder passte er seine Theorie deswegen an und gestand sich ein, dass der variablenzentrierte Ansatz schlussendlich tatsächlich zu einer »Engführung« der Fragen, die er untersuchen konnte, führte und dass er selbst von historischen und qualitativen Untersuchungen anderer zuweilen mehr lernte als von seinen eigenen quantitativen Studien. Zudem musste er feststellen, dass die Frage der Emanzipation in seinen Klassenanalysen immer weiter in den Hintergrund gerückt war.

Was jedoch nicht heißt, dass sich Wright – wie so viele seiner Generation – im Alter deradikalisiert hatte oder konservativ wurde. Radikal war er von Beginn an nur in seiner Gesellschaftskritik und seinen Zielen, politisch war er stets ein Gradualist. Weder sehnte er sich nach einem revolutionären Umsturz, noch hielt er ihn für möglich. Aber die Möglichkeiten und Wege einer gesellschaftlichen Transformation wollte er doch aufzeigen und dass eine bessere Gesellschaft bereits im Kapitalismus in Keimformen wachsen könnte. Die letzten Jahrzehnte seiner Arbeit widmete er sich neben der Klassenanalyse den »realen Utopien«.[25] Er untersuchte Projekte wie etwa Wikipedia oder Genossenschaften, in denen im Gegenwartskapitalismus nichtkapitalistische oder zumindest kooperative Formen des Wirtschaftens entstehen könnten.

Wrights Offenheit bezüglich seines Ehrgeizes wie auch seiner unerfüllten Ambitionen kommen in der Würdigung zum Ausdruck, die Michael Burawoy seinem Kollegen, engen Freund und im marxistisch-epistemischen Dissens vereinten Weggefährten sowie Genossen im Kampf um Emanzipation widmete. Burawoy merkte kritisch an: »Er ging von einer Klassenanalyse ohne Utopie zu einer Utopie ohne Klassenanalyse

25 Vgl. hierzu Erik Olin Wright, *Reale Utopien. Wege aus dem Kapitalismus*, Berlin 2017.

über.« Beides zu verbinden wäre vielleicht der nächste Schritt in seinem Schaffen gewesen. Aber eine Krebserkrankung verhinderte dies. Am 23. Januar 2019 ist Erik Olin Wright gestorben. In seinem Nachruf im *Berliner Journal für Soziologie* nannte Hans-Peter Müller ihn »einen der größten Klassentheoretiker des 20. Jahrhunderts«.[26] Der Klassentheoretiker Wright hat in Deutschland jedoch nie die gleiche Bedeutung wie im angelsächsischen Raum erlangt. Dieses Buch leistet hoffentlich einen Beitrag dazu, dass sich dies – wenigstens posthum – ändert, damit die dringend benötigte Analyse der Klassengesellschaft der Gegenwart ihre Fortsetzung findet.

26 Hans-Peter Müller, »Nachruf auf Erik Olin Wright (1947-2019)«, in: *Berliner Journal für Soziologie*, 29/3-4 (2019), S. 365-368, hier S. 368.

TEXTNACHWEISE

»Klasse verstehen« erschien als »Understanding Class«, in: *New Left Review* 2/60 (2009), S. 101-116, wiederabgedruckt als »From Grand Paradigm Battles to Pragmatist Realism: Towards an Integrated Class Analysis«, in: Erik Olin Wright, *Understanding Class*, London: Verso 2015, S. 1-18, © Erik Olin Wright 2015.

»Warum Klasse zählt. Ein Interview mit Erik Olin Wright« erschien als »Why Class Matters. Interview with Erik Olin Wright«, in: *jacobin.com*, 23.12.2015.